WEREI

WERELD MEIDEN

Acht schrijvers, acht landen, acht onvergetelijke verhalen

Jelle Brandt Corstius, Yvonne Kroonenberg,
Lydia Rood, Susan Smit, Rosita Steenbeek,
Manon Uphoff, Robert Vuijsje
en Peter Winnen

M

Deze uitgave is mede mogelijk gemaakt door de Nationale Postcode Loterij, partner van Plan Nederland sinds 1998

'Because I am a Girl' is een campagne van Plan Nederland
Deze publicatie is tot stand gekomen door bemiddeling van Sebes & Van Gelderen, Literair Agentschap te Amsterdam
Omslagontwerp Mariska Cock
Foto voorzijde omslag © Ruth Catsburg, Plan Nederland
Eerste druk oktober 2010
Zetwerk Stand By, IJsselstein
Druk Bercker, Kevelaer

www.mmboeken.nl
www.plannederland.nl

ISBN 978 90 5831 546 5
NUR 740

Inhoud

Voorwoord

Een collega was een paar jaar geleden in Nepal om een documentaire te maken. Ze was bij een sessie waarbij Plan aan het dorp vroeg om een plattegrond te maken en de problemen van het dorp in kaart te brengen. Daar liep ook een meisje rond. Ze zag er slecht uit en had amper kleren aan. Mijn collega liep na afloop van de sessie met haar mee naar huis om te vragen of zij wellicht steun nodig had.

Bij het huis van het meisje bleek dat haar familie helemaal niet zo arm was; broertjes speelden vrolijk in een schooluniform voor het huis. Mijn collega maakte een praatje en vroeg aan de moeder hoe het kwam dat de jongens in een schooluniform liepen, terwijl het meisje in lompen gekleed ging. Het antwoord van de moeder was: 'Omdat ze een meisje is.'

In veel landen is het volstrekt gebruikelijk dat meisjes als tweederangs burger door het leven gaan. En dat terwijl onderzoek juist aantoont dat meisjes de sleutel tot ontwikkeling zijn. Als zij maar dezelfde kansen krijgen als jongens.

Acht schrijvers kregen een vrije opdracht: 'Laat je inspireren, ontroeren, verrassen door de kracht van meisjes in ontwikkelingslanden. Schrijf op wat je wilt, als het maar over de meisjes gaat die je tegenkomt.'

Het zijn aangrijpende verhalen geworden over Kiran, Hajira, Hosnera, Rosina, Laki, Popi, Pinky, Madina, Dicko, Nana, Karina, Angilica, Mercy, Mary, Hamati, Letima en vele andere meisjes. Aangrijpende verhalen die soms te gruwelijk zijn om te lezen – maar dat drijft mij des te meer om mensen ervan te overtuigen dat meisjes onze steun nodig hebben.

Deze verhalen moeten verteld worden. Door deze acht schrijvers, door u, door mij. Ik hoop dat u, na het lezen van deze prachtige verhalen, dit boek aan iemand anders wilt geven. Zodat de stemmen van deze meisjes meer gehoord worden.

Daar hebben deze meisjes recht op. Omdat ze een meisje zijn.

Tjipke Bergsma
Algemeen Directeur Plan Nederland

Plan Because I am a Girl

Peter Winnen – India

Asha Sadan

De handel in jonge vrouwen en meisjes in de Zuid-Indiase deelstaat Andhra Pradesh lijkt de laatste jaren alleen maar toe te nemen. Vooral de districten aan de Golf van Bengalen zijn grote leveranciers voor de seksindustrie. In deze districten bevinden zich talrijke centra waar vrouwen en meisjes, meestal geronseld uit de onderste lagen van de samenleving, tewerk worden gesteld. Export van vrouwen en meisjes naar andere deelstaten en zelfs naar het buitenland gebeurt op aanzienlijke schaal.

In Andhra Pradesh bestaan verschillende, op religie gebaseerde tradities die prostitutie rechtvaardigen en die nog steeds in ere worden gehouden. Daarnaast is er op kaste gebaseerde prostitutie. Binnen bepaalde kasten houden hele families zich bezig met seksuele exploitatie. De vrouwen werken als hoer of als hoerenmadam, de mannen opereren als pooier, makelaar of vrouwenhandelaar. Kinderen worden op jonge leeftijd opgeleid en ingezet binnen het familiebedrijf.

Het verhandelen van vrouwen en kinderen en het organiseren van prostitutie is in India strafbaar. Door corruptie binnen het politieapparaat wordt de wet echter vaak niet gehandhaafd.

Ongeacht de manier waarop de vrouwen en meisjes in de prostitutie verzeild zijn geraakt, vinden ze het moeilijk eruit te ontsnappen om voor zichzelf en hun kinderen een normaal en waardig bestaan op te bouwen. Wie eenmaal in het circuit is beland zit gevangen in een vicieuze cirkel van geweld, onderdrukking en overleven.

Het hiv/aidsprobleem in Andhra Pradesh is groot. In 1993 werd de niet-gouvernementele organisatie HELP opgericht. Het hoofddoel van deze organisatie, die gesteund wordt door Plan, is het stoppen van vrouwen- en kinderhandel rondom prostitutie. HELP is actief in de red-light-districts van de kustgebieden van Andhra Pradesh. De veldwerkers van HELP zijn vaak opgegroeid in milieus die zich met seksuele exploitatie bezighouden.

Globaal zijn er drie niveaus waarop deze organisatie opereert. 1. Verbetering van de situatie ter plekke, 2. redding, rehabilitatie en resocialisatie, 3. preventie.

In augustus 2010 bezocht ik in het kleine dorp Machavaram het doorgangshuis van de organisatie, dat Asha Sadan heet. Op dat moment verbleven er achttien meisjes en jonge vrouwen, slachtoffer van mensenhandel en prostitutie.

Op deze afgeschermde plek worden de sociaal en psychisch verminkte meisjes intensief door een traumapsycholoog begeleid. Het doel is hun weer voldoende zelfrespect en vertrouwen te geven, zodat ze kunnen terugkeren in de maatschappij.

De meisjes worden opgeleid tot bakker, kleermaker of kok, en de overgang naar hun nieuwe bestaan wordt strak begeleid. Wie een eigen bedrijfje wil opzetten, wordt geholpen bij het schrijven van een businessplan. Indien nodig wordt er een microkrediet verstrekt.

Janisha woont nu vier jaar in het opvanghuis. Ze kan niet praten. Niemand weet of ze ooit heeft kunnen praten; haar levensverhaal is onbekend. Het enige wat men van haar weet is dat ze bewusteloos in de bosjes is gevonden met een mes tussen haar ribben, en dat ze door de politie herkend werd als een minderjarige prostituee die in de regio werkzaam was. Na te zijn hersteld in het ziekenhuis werd ze naar Asha Sadan gebracht. Welk verhaal zou dit meisje vertellen indien ze kon praten?

'De dag dat ik in Asha Sadan kwam kreeg ik een nieuwe naam. Ik kon immers niet zeggen hoe ik heette. En al had ik het kunnen zeggen, dan nog weet ik niet welke naam ik genoemd zou hebben. Ik heb in mijn leven meer dan één naam gehad. Dat brachten de omstandigheden nu eenmaal met zich mee. Ik heb wel eens twee namen op een dag gehad. Hoe dat kan, leg ik straks wel uit.

Hier heet ik Janisha. Mijnheer Mohan van het opvanghuis heeft mij die naam gegeven. Toen ik voor het eerst door de poort liep en bij het binnenplaatsje kwam, zei hij tegen me: "Welkom Janisha, want vanaf vandaag is dat je naam."

Eerlijk gezegd had ik helemaal geen behoefte aan weer een andere naam. Toen ik in het ziekenhuis uit mijn coma ontwaakte, nam ik me voor geen enkele naam meer te accepteren. Het was me liever geweest als ik helemaal niet uit mijn coma was ontwaakt. Maar of dat een oplossing zou zijn? Mijn ziel zou opnieuw geboren worden in een ander lichaam, in een andere familie, in een andere uithoek van India, of ergens anders op de aarde. In een volgend leven zou ik alle slechte daden die ik begaan had af moeten leren.

Het heeft een paar maanden geduurd voordat ik reageerde als iemand me bij mijn nieuwe naam riep. Maar nu ben ik Janisha. Ik vind het een mooie naam. Janisha betekent: Gods genade.

Ik ben gelukkig in Asha Sadan. Ik word opgeleid tot naaister. Toen ik hier aankwam bezat ik alleen de kleding die ik droeg. Het vakje voor mijn persoonlijke spulletjes in de slaapzaal boven was helemaal leeg. Mijnheer Mohan vond het een goed idee wanneer ik mijn eigen sari's zou leren maken. Zo is het begonnen. Nu leer ik hoe ik mooi, glinsterend borduurwerk op de stof kan aanbrengen. Je moet er veel geduld voor hebben, en dat heb ik. Borduren is mijn favoriete bezigheid.

Tijdens het borduren denk ik veel aan de goede dingen uit mijn kindertijd. Mijn moeder was ook naaister. Ze maakte de prachtigste kleding voor mij en voor mijn zus Enashi. Wanneer je ons zag, leken wij kinderen van belangrijke mensen.

Alle meisjes hier zijn gelukkig. We hebben veel plezier als we onze eigen maaltijden koken. Hoewel. Een paar weken geleden heeft Revathi een enorme rel geschopt. Ze wilde weglopen.

Terug naar haar oude leven. "Hier blijf ik ook een armoedzaaier," riep Revathi, die opgeleid wordt tot kok. Ze was hysterisch, maar ze kon niet weg. Er staat namelijk een hoge muur om de binnenplaats met ingemetselde glasscherven op de bovenrand. Niemand kan erin, en Revathi kon er niet uit. Het heeft een paar dagen geduurd voordat mijnheer Mohan haar weer op het juiste pad had. De muur geeft mij juist een veilig gevoel.

Tegen de avond, wanneer de ergste hitte voorbij is, ga ik op de binnenplaats zitten en sluit ik mijn ogen. Ik hoor alleen het zoemen van insecten en kinderstemmen aan de andere kant van de muur. Dan lukt het me om aan helemaal niets te denken. Het lijkt of ik niemand ben, ik voel me zo groot als het heelal. Ik zie mezelf daarbeneden zitten, en ineens dringt de volle betekenis door van de naam Asha Sadan. Het betekent: Huis van de Hoop.

Waar mijn zus Enashi nu is weet ik niet. Ze verdween op zeker moment uit mijn leven. Daar kom ik zo nog wel op.

Enashi had een andere vader dan ik. Ik heb hem niet gekend. Enashi zelf trouwens ook niet. Toen hij hoorde dat mijn moeder zwanger van hem was, heeft hij haar meteen verlaten. Maar zes jaar later kreeg Enashi er een geweldige vader voor in de plaats: mijn vader, mijn verwekker. Mijn vader hield evenveel van Enashi als van mij en van mijn moeder. Hij heeft me mijn eerste naam gegeven: Kiran. Die betekent: lichtstraal.

Mijn vader was een opgewekte man. Hij zei altijd tegen mij: "Wij zijn dan wel zo arm als de luizen, maar we zijn wel zonbeschenen luizen." En dan voegde hij eraan toe: "Maar we zullen niet altijd luizen blijven, daar ga ik voor zorgen." Ik geloofde hem, mijn vader was mijn held.

Hij vertelde Enashi en mij verhalen uit de Puranas, de oude heilige boeken van India. Ik herinner me heel goed het verhaal van Narashimi, die als een incarnatie van de Heer Vishnu op aarde kwam om de kwaadaardige reus Hiranyakasipu te vermoorden. Narashimi was half mens, half leeuw. Hij vermoordde de reus omdat hij de wereld wilde bevrijden van al het kwaad.

Mijn vader aanbad Narashimi omdat hij moordde uit liefde voor alle mensen.

Het verhaal van Narashimi heeft mijn vader misschien wel honderd keer verteld. En elke keer als hij klaar was, was hij bleek en stil. Alsof hij in een trance was geraakt. Even later zong hij met hoge, trillende stem een lied dat nooit uit mijn herinnering is geraakt:

"O Heer van het universum, o moordenaar van de dood.
U bent de almachtige die me uit alle misère haalt.
Geef Uw zegen aan allen die U kennen, of U niet kennen.
Vergeef mij al mijn slechte daden"

En daarna ging hij slapen. We gingen allemaal slapen in onze kamer, die ook meteen dienstdeed als keuken en naaiatelier van mijn moeder.

Ik heb mijn vader niet vaak dronken gezien. Misschien niet meer dan vier keer in totaal. Maar als het gebeurde declameerde hij teksten als: "O bloemen van de schrale grond, er komt een dag dat we niet meer in dit dorp wonen maar in een grote stad waar niemand ons kent. Een regen van genietingen zal over ons neerdalen. Een bliksem van fortuin zal ons dodelijk treffen." En hierbij klemde hij mijn moeder en Enashi en mij schaterend in zijn armen.

Natuurlijk wist ik toen niet waar hij het precies over had. Maar ik hield erg veel van die momenten. Het was alsof de incarnatie Narashimi door de mond van mijn vader sprak.

Mijn vader, de landarbeider die soms weken van huis was, mijn o zo welbespraakte vader, mijn grote held die niet eens kon fietsen, kwam op zekere dag thuis op een gehuurde motor.

De droom was begonnen, zei hij. Hij ging werk zoeken in de grote stad Chennai, zo'n 300 kilometer naar het zuiden. En als hij werk gevonden had, zou hij ons komen ophalen. Het pad naar het geluk werd geëffend. Mijn vader knalde echter 20 kilometer voor Chennai frontaal op een vrachtauto. Hij was op slag dood, zo is ons later verteld. Nog een wonder dat hij zo ver is gekomen, denk ik nu. Ik was pas vier jaar oud.

Mijn moeder heeft een jaar lang niet gelachen. O, ze probeerde het wel wanneer ze me waste in de teil, of me naar bed bracht. Maar het waren alleen een paar gezichtsspieren die zich aanspanden. Haar innerlijk lachte niet mee. De lichtjes in haar ogen waren gedoofd. Ik heb haar echter nooit zien huilen. Dat deed ze vermoedelijk bij de buurvrouw. Als ze daarvandaan kwam, lagen haar ogen wat dieper. Ze was altijd heel stil als ze weer ons huis binnenkwam.

Ik vond haar nog steeds de mooiste moeder van het dorp. En ik denk dat ze ook de beste naaister was. Ik kon uren naar haar kijken als ze aan het werk was. Ze had het druk. We konden het geld ook goed gebruiken.

Mijn moeder was een verplichting aangegaan met een smid uit een dorp verderop. De smid en zijn zoon Vipal waren een paar keer langs geweest om kennis te maken. Daarop volgde een luidruchtige onderhandeling met als resultaat dat Enashi met Vipal zou trouwen. Eerst had de smid een veel hoger bedrag gevraagd, maar uiteindelijk nam hij genoegen met 30 000 roepies. Plus de kosten van de bruiloft.

Het leek me een duizelingwekkend bedrag. Als ik voor mijn moeder wel eens een kom rijst ging kopen, kostte die niet meer dan 1 roepie. Mijn moeder was blij met de uitkomst. Eindelijk zag ik haar weer lachen.

"Hij is een goede partij, Enashi, en hij is ook nog eens een goede jongen. Ik heb zijn sterren laten wichelen. Hij zal je gelukkig maken. Je zult het beter krijgen dan je het ooit hebt gehad."

Enashi vond hem "wel leuk". Ze was elf en zat nog maar in de vijfde klas. Eigenlijk wilde ze dokter worden, of filmster, maar mijn moeder zei: "Dat kan altijd nog."

Ik geloof niet dat Enashi zich er verder druk om maakte. Misschien had ze uitgerekend hoe lang het kon duren voordat de bruidsschat bij elkaar was gespaard. Dingen uitrekenen, dat wilde ik ook graag leren. Ik zag Enashi wel eens sommen maken in een schoolschrift. Het leek wel tovenarij. Nog een jaar en dan mocht ik ook naar school.

Ik heb inderdaad leren rekenen. Maar niet op school. Vanaf het moment dat mijn zus werd uitgehuwelijkt aan de zoon van de smid, gebeurden er dingen in mijn leven die ik pas veel later zou begrijpen.

Mijn moeder had er een baantje bij genomen. Elke avond als het donker was werd ze opgehaald door een witte auto. Er klonk een claxon en dan ging mijn moeder naar buiten. Ze droeg een erg mooie sari. "Mama gaat snel werken," zei ze dan, meer niet. Ze kwam laat thuis. Soms was het al licht aan het worden als ik het autoportier hoorde dichtslaan.

'S Nachts als mijn moeder weg was, was ik erg bang. Ik kroop dicht tegen Enashi aan en huilde zachtjes. Ik dacht aan mijn vader. Ik wilde dat hij nog bij ons was. Soms maakte ik Enashi wakker. Zij streelde me dan over mijn vlechtjes.

Het begon me op te vallen dat minder klanten hun kleding kwamen bestellen bij mijn moeder. Overdag zat ze niet meer zo lang achter de naaimachine. Het viel me ook op dat de mensen in het dorp minder aardig tegen mij deden. Sommige vrouwen draaiden zich om als ze mij zagen.

Toen kwam de dag dat ik met aardkluiten en stenen werd bekogeld. Ik was door mijn moeder om een boodschap gestuurd. Een aantal jongens versperde me de weg en riep: "Je moeder is een hoer, een vuile, smerige hoer." Ze bleven het maar herhalen en raapten alles van de grond waarmee ze maar konden gooien. Ik holde krijsend naar huis.

"Waarom gooien die jongens stenen naar me," riep ik. "Mama, mama, wat is een hoer?"

Mijn moeder zei niets.

Ik vroeg het aan Enisha. "Wat is een hoer?" Enisha zei dat ze het niet wist. Ze sloeg haar ogen neer. Ik vermoedde dat Enisha het wel wist.

Die avond ging mijn moeder niet weg met de witte auto. Ze hield me heel lang vast en zei: "Kiran, Kiran, je bent nog zo jong. Je kunt niet alles begrijpen. Je mag niet alles begrijpen." En toen zei ze dat ze op zoek ging naar iemand die heel goed voor me zou zorgen.

De man die me op kwam halen had ik nooit eerder gezien. Er werd gezegd dat hij een oom van me was. Hij had een auto. Een kleine koffer met spulletjes stond voor me klaar. Mijn moeder kwam niet mee naar buiten toen ik vertrok.

Ik weet niet eens meer of het een lange reis is geweest naar mijn nieuwe huis. Ik heb de hele weg gehuild. Af en toe draaide mijn oom zich om en zei: "Stop toch met dat gejank." Hij draaide het volume van de radio omhoog.

Ik kon net over de rand van het autoraam kijken. Ik zag velden met mannen die aan het werk waren, riviertjes, poelen met waterbuffels erin. De auto schokte hevig. Er stonden nog maar weinig huizen langs de weg.

De naam van mijn oom kan ik me niet herinneren. Heb ik die dan ooit gehoord? Hij heeft zijn naam niet genoemd toen hij me op kwam halen. Ik geloof dat toen zelfs mijn moeder zijn naam niet uitsprak. Ik kan me ook niet herinneren dat mijn tante hem ooit bij zijn voornaam noemde. Ach, hij heeft ook geen naam nodig. Hij verdient er geen.

Mijn tante noemde wel haar naam toen ze me uit de auto tilde. Maar die ben ik ook vergeten. Iets met een "e" erin, en eindigend op een "i". Hier in India kunnen dat dus honderden namen zijn. In mijn nieuwe huis spraken ze elkaar niet bij de voornaam aan. Voor mijn oom was ik "jij", of "die ene", of "dat mormel". Dat waren mijn nieuwe namen. Mijn tante noemde me overigens Kiran als mijn oom niet in de buurt was. Mijn oom en tante hadden zelf geen kinderen.

Ik sliep in een kleine kamer. Er stonden een bed in en een kast. 's Avonds stikte het er van de muggen. Het waren er nog meer dan in het huis van mijn moeder.

Mijn oom was boer. Hij teelde rode uien. Hij was hele dagen op het veld bezig zijn gewas te verzorgen. Als hij eenmaal geoogst had, lag er een gigantische berg uien achter het huis. Elke ochtend laadde hij de kofferbak van de auto ermee vol om ze te gaan verkopen op de markt. Hij had het er maar druk mee.

Voor mij was er ook werk. Nuttig werk. Ik hielp mijn tante met koken, vegen en wassen. En er was ander werk, echt werk.

"Denk maar niet dat je hier voor niks kunt wonen," zei mijn oom toen ik nog maar net bij hen in huis woonde.

Mijn tante leerde me borden maken van bananenbladeren. Het was heel secuur werk. Met dunne houtjes, veel dunner dan lucifers, stikte ik de bladeren aan elkaar. Er mocht geen naadje openblijven want dan lekte het voedsel erdoorheen. Ik had het al snel onder de knie. Het was prettig werk, ik kon me helemaal in mezelf terugtrekken als ik ermee bezig was. Als ik een stapel klaar had, werd die eveneens in de auto geladen om verkocht te worden.

Eén keer heb ik het gewaagd om te vragen of ik naar school mocht. Mijn oom gaf me toen een flinke aframmeling. Mijn gezicht was aan één kant helemaal blauw.

Soms zag ik kinderen over de landweg lopen met schooltassen op hun rug, op weg naar de bushalte. Dat was voor mij niet meer weggelegd, besefte ik.

Mijn tante kwam soms bij me zitten als ik bezig was met de bananenbladeren. Dan leerde ze me mooie liedjes en zongen we samen. Als Yogi de hond niet rondzwierf lag hij bij me. Tegen hem sprak ik nog het meest.

Ik denk dat er wel een jaar voorbij was gegaan toen Enashi op bezoek kwam. Ze zei dat ze uren in een bus had gezeten.

"Waarom is mama niet meegekomen?" vroeg ik.

"Met mama gaat het goed, echt waar."

Enashi vertelde dat mijn moeder en zij niet meer in ons dorp woonden. Zij woonden nu in een stad, een heel eind bij ons dorp vandaan. Daar ging ze nu ook naar school. En moeder had er veel werk.

“Waarom kan ik dan niet bij jullie wonen,” vroeg ik.

“Over een paar jaar misschien.”

Enashi zei dat ze niet lang kon blijven. Ze moest het hele eind nog terug met de bus. Maar ze beloofde dat ze me nog een keer op zou komen zoeken. Ze liet wat nieuwe kleren bij me achter die mijn moeder voor me had gemaakt.

Ik vroeg aan Yogi waarom ik niet meer bij mijn zus en mijn moeder kon wonen. Hij wist het ook niet.

Mijn leven nam het ritme aan van de uienteelt. Zaad, groei, bol, oogst; zaad, groei, bol, oogst. De moesson kwam, de moesson ging. Yogi de hond kwam op een dag niet meer thuis, en ik telde de bananenbladeren. Tellen kon ik intussen als de beste. Af en toe kreeg ik een klap en een snauw van mijn oom. Ik raakte eraan gewend. Mijn tante sloeg hij ook wel eens.

Eén keer per jaar kwam Enashi langs met nieuwe kleren. Ik vond het altijd een wonder hoe goed mijn moeder kon inschatten hoeveel ik was gegroeid. Ik leef vast nog heel sterk in haar hart, dacht ik.

Enashi was ook elke keer gegroeid. Ik vond dat ze een steeds mooier lichaam kreeg. Het was al bijna net zo mooi als het lichaam van mijn moeder, het lichaam zoals ik het me herinnerde. Mijn zus bleef volhouden dat het bijzonder goed ging met haar en mama.

Vaak zag ik mijn moeder in een droom. Maar in mijn dromen ging het helemaal niet goed met haar. Er was altijd veel pijn van haar gezicht af te lezen. Ik had een keer een droom waarin haar gezicht helemaal zwart was. Ik stortte samen met haar in een afgrond met duizenden slangen. Ik werd wakker en probeerde te schreeuwen, maar het lukte niet.

Een paar maanden later kwam Enashi bij me. Dit keer bracht ze geen nieuwe kleren voor me mee. Ze vertelde me waar ik sinds de droom zo bang voor was geweest, en wat ik diep vanbinnen eigenlijk al wist: onze moeder was dood. Toen ik Enashi vroeg hoe ze was gestorven, antwoordde ze kortaf: “Mama was gewoon heel vaak ziek.”

Ik bad de hele nacht tot Narashimi dat hij goed voor haar ziel moest zorgen.

Mijn oom en tante hadden een televisie. Het ding stond de hele dag te loeien, ook al was er niemand in de buurt. Op een middag, toen ik door de bananenbladeren heen was, liep ik naar binnen om alvast het avondeten voor te bereiden. Er was een programma over prostitutie aan de gang. Zo kwam ik te weten dat er vrouwen bestonden die hun lichaam verkochten. En dat er een erge ziekte bestond die aids heette, die volgens het programma "razendsnel om zich heen greep". Opeens stond mijn oom achter me.

"Nu weet je meteen waar je moeder aan gestorven is. Dat wist je nog niet, hè. Nou, dan weet je het nu. Je moeder was een hoer. Ze ging op haar rug voor een paar roepies. Ze wilde dat wij dat voor je verzwegen. Maar nu weet je het eindelijk, je moeder was een ordinaire hoer."

Zo hard als hij me toen sloeg had hij me niet eerder geslagen. Hij bleef maar op me inbeuken. Tante, die op mijn gekrijs was afgekomen, moest hem van me af trekken. Ik kon me een week niet bewegen.

"Ik weet nu wat een hoer is," zei ik tegen Enashi toen ze een paar maanden later bij me op bezoek kwam. "Mama was een hoer, hè."

Enashi zat naast me op bed. Ze antwoordde niet. Het was de laatste keer dat ik haar zou zien.

"Mijn oom zegt dat ze er een was. En dat ze is doodgegaan omdat ze aids had."

Enashi bleef maar zwijgen. Toen pakte ze mijn handen vast en zei zacht: "Ja, het is zo."

Ik was nu even oud als Enisha toen ik het huis verliet: elf.

Sinds mijn oom me zo'n enorme aframmeling gegeven had, was het me duidelijk dat een hoer het laagste van het laagste was, lager nog dan wij oorspronkelijk waren. Ik begon te huilen. Enashi pakte me stevig vast.

"Mama was een sterke vrouw," begon ze. "Mama wilde je de schande besparen. Daarom moest je weg. Ze hoopte dat je de waarheid nooit zou ontdekken. Dat je een leven kon leiden zonder een brandmerk op je voorhoofd. Ze verkocht haar lichaam om mijn bruidsschat bij elkaar te sparen. Met het naaiwerk alleen zou het haar nooit lukken. Mama offerde haar lichaam. Voor mij, voor jou. Elke keer dat ik hier kwam, bracht ik geld mee voor oom en tante. Geld dat mama met haar lichaam verdiende."

Ik dacht aan de bananenbladeren die ik tot borden verwerkte, en die op de markt werden verkocht omdat ik hier "niet voor niks" kon wonen.

"De klanten van mama brachten ziektes mee," ging Enashi verder. "Allerlei smerige ziektes. Ik zei vaak tegen haar: 'Stop toch met dit werk, voor een bruidsschat hoef je het niet meer te doen.' Want dat weet je nog niet, Kiran, toen de smid van de bijverdienste, eigenlijk de hoofdverdienste, van mama hoorde, trok hij de overeenkomst onmiddellijk in. Zoon Vipal wilde hij niet uithuwelijken aan een hoerendochter. Mama en ik verhuisden, maar ze stopte niet met werken. Ze wilde blijven sparen, sparen en sparen. Voor mijn toekomstige studie. 'Je bent er slim genoeg voor,' zei ze altijd tegen me, en: 'Mijn leven is toch voorbij.' 'Laat je klanten in hemelsnaam condooms omdoen,' riep ik. O, je weet niet wat condooms zijn, Kiran? Dat zijn dunne rubberen hoesjes die mannen over hun penis kunnen schuiven, een soort bananenschilletjes. Ze helpen tegen ziektes, al zijn ze daar oorspronkelijk niet voor bedoeld. Maar mama zei: 'De klanten lachen om condooms.' Wie haar het aidsvirus gegeven heeft is natuurlijk onbekend. En aan wie zij het heeft doorgegeven, eveneens. Weet je, Kiran, mama was zo blij dat je het allemaal niet mee hoefde te maken. Gelukkig ontving ze de klanten meestal als ik naar school was."

Enashi pauzeerde even. Het kostte haar moeite deze dingen te vertellen.

"De medicijnen van mama kostten veel geld. Al het spaargeld

was er zo doorheen. Ik sloot een lening af bij een man in de stad, wat mama niet wist. Daarna moest ik bijlenen tegen een nog hogere rente. Maar mama verzwakte steeds meer. 'Binnenkort zal ook ik kunnen lachen om condooms,' zei ze. Een paar dagen later was ze dood."

Enashi keek me heel lang met lege ogen aan. Het leek alsof ze niet meer ademde.

"Weet je wat rente is?" vroeg ze toen. "Rente is een voorschot op de nacht. De man aan wie ik geld verschuldigd ben, dwingt me nu voor hem te werken. Ik heb hem gesmeekt alleen klanten te brengen die het met condoom willen doen. Tot nu toe houdt hij zich daaraan."

Mijn zus stond op, ze wankelde.

"Ik kan je niet meer komen opzoeken, Kiran. En ik kan je niet meenemen. Waar ik woon is Narashimi er niet in geslaagd de reus te verslaan. Zeg alsjeblieft niks tegen oom en tante."

En toen ging ze.

's Nachts droomde ik van een goede en een kwade slang die zo met elkaar vochten dat ze onontwarbaar in de knoop raakten.

Vanaf het moment dat ik borstjes kreeg, deed mijn oom veel aardiger tegen me. Ik kreeg nog wel eens een klap, maar hij zei meteen dat hij er spijt van had. En dan gaf hij me een zoen op mijn wang. Het kwam ook wel eens voor dat hij me eerst zoende en dan pas een klap gaf. Maar over het algemeen kon je zeggen dat zijn houding veranderd was.

Toen hij een keer uitgelaten thuiskwam omdat hij een kofferbak vol uien had verkocht, haalde hij me bij de bananenbladeren vandaan. Hij zei: "Kom, Kiran, ik laat je de zee zien." Het was de eerste keer dat hij me bij mijn voornaam noemde.

De zee, dat was de Golf van Bengalen. Die was niet ver, de autorit duurde niet langer dan drie kwartier. Tante ging niet mee.

Mijn oom parkeerde de auto aan de rand van een vissersdorp. Ik zag de zee zich in ademteugen over het strand uitspreiden, en zich weer terugtrekken. Ik zag vissersbootjes in de verte op de golven. We stapten uit en gingen naast elkaar in het zand zitten.

Mijn oom wees me op de kleine holletjes in het zand. "Als je heel geduldig en stil bent, komen er krabbetjes uit de gaten."

Ik was geduldig, en ook mijn oom was heel geduldig en stil. Die krabbetjes kwamen inderdaad tevoorschijn. Maar je hoefde bij wijze van spreken maar met je ogen te knipperen of ze schoten weer terug in hun schuilplaats. Ik proefde een zoute bries op mijn lippen.

"We gaan naar een vriend," zei mijn oom opeens. Hij trok me aan een arm overeind en we zwoegden door de modder het dorp in. Het stonk er vreselijk. De huisjes stonden dicht tegen elkaar. We gingen ergens naar binnen. Mijn oom zei: "Dit is Tamasa." Ik dacht dat hij me voor de grap met een andere naam voorstelde. De vriend van mijn oom nam me van top tot teen op en zei: "Zo, zo, dat is een frisse Tamasa." Ik wilde hem nog verbeteren, maar voor ik het wist lag ik op mijn rug. De vriend ontblootte mijn onderlichaam, en toen voelde het alsof er een mes in me gestoken werd. Ik gilde van de pijn. "Dit was niet afgesproken," riep de vriend tegen mijn oom. Mijn oom snelde toe en duwde zijn grote handen op mijn mond. Het duurde gelukkig niet lang. De vriend ging van me af en mijn oom liet me los.

Op de terugweg zei mijn oom: "Als je de volgende keer weer zo gilt vermoord ik je. Zo kost je me geld in plaats van dat je iets oplevert."

Tamasa betekent duisternis.

Die nacht kwam mijn oom boven op me liggen. Opnieuw deed het veel pijn, maar ik durfde geen geluid te maken. Ik probeerde mijn lichaam zo veel mogelijk te ontspannen. Mijn oom had ook niet lang nodig.

"Zie je wel dat je het kunt, sloerie," zei hij, en hij verliet mijn kamertje. De volgende ochtend deed hij alsof er niets gebeurd was. Hij laadde de kofferbak van zijn auto vol uien en vertrok naar de markt.

Mijn oom heeft me nog vaak meegenomen naar die vriend

aan zee, en hij is nog vaak op mijn kamer geweest. Ik denk dat mijn tante er al die tijd van heeft geweten. Ik denk ook dat ze niet geprotesteerd heeft toen mijn oom me op mijn dertiende voor 20 000 roepies verkocht aan een bordeel.

Ik was verreweg de jongste van de vijf prostituees in het huis van madame Nageena. Er was veel vraag naar me, want seks met jonge meisjes versterkt de potentie van de man. En als ik toevallig nog maagd geweest was toen mijn oom mij verkocht, had madame Nageena veel meer voor me moeten betalen. Een man die seks heeft met een maagd wordt genezen van geslachtsziekten.

Tijdens de onderhandelingen had madame Nageena me inderdaad fysiek onderzocht. Mijn oom moest zijn vraagprijs aanzienlijk verlagen.

"Het is allemaal stupide bijgeloof," zei madame Nageena achteraf. Maar voor de omzet was het beter om de mannen in de waan te laten. "Potentie is de hamer, de droom het aambeeld, en ertussenin ligt kortstondig genot." Wie met zijn hamer wilde zwaaien was welkom in haar huis.

Ik was madame Nageena's oogappel. Openhartig vertelde ze me haar verhaal. Ze was de oudste dochter uit een gezin dat behoorde tot de oude Dommara-stam. En dus mocht ze niet trouwen. Vanaf haar pubertijd moest ze als prostituee de rest van het gezin onderhouden. Zo was het eeuwen gegaan, en zo was haar lot bij haar geboorte bezegeld. Haar zussen mochten wel trouwen, maar die werden door hun mannen ook de prostitutie in gedreven.

"Prostitutie zit ons in het bloed, prostitutie is ons water, ons brood, en ons zout. In onze traditie wordt de geboorte van elk meisje bejubeld."

Ze werd hoerenmadam toen ze zelf te oud was voor het vak. "Overrijp," noemde ze het lachend. Ze kreeg wel een paar kinderen van verschillende mannen, maar haar dochters hoefden, nee, mochten de prostitutie niet in.

Madame Nageena gaf me de naam Yauvani. Het betekent jeugdig.

Mijn eerste klant was een politieman. Hij kwam 's ochtends heel vroeg, in uniform. Madame Nageena zei dat ik hem vooral gunstig moest stemmen, want ik begreep toch wel dat zij me helemaal niet in huis mocht hebben. De politieman deed het snel en zonder condoom. Madame Nageena betaalde hem ook nog vorstelijk voor zijn bezoek.

Over het gebruik van condooms maakte madame Nageena de volgende afspraak met mij: "Als ze er zelf eentje bij zich hebben is het duidelijk, als ze er geen hebben ook."

Ik had niet zoveel contact met de andere prostituees, daarvoor had ik het te druk. Maar als ik hen sprak, vond ik dat ik er in mijn leven nog genadig van af was gekomen.

De klanten waren begerig naar mijn jonge lichaam. Sommigen waren lief, sommigen wild en extatisch, sommigen ronduit gewelddadig. Ze wisten alle openingen van mijn lichaam te vinden. Ze drukten hun sigaretten uit op mijn borsten en billen. En één keer ben ik bijna gewurgd.

"Het is de kunst de klant zo te betoveren dat hij niet aan geweld denkt," zei madame Nageena. "Maar sommigen zijn natuurlijk onverbeterlijk."

De klanten werden geronseld door haar zoon Bhaskar. Hij voorzag me ook van ladingen *guthka*. Ik kauwde op de korrels tot ik slechts mist zag. Bhaskar kauwde misschien nog wel meer dan ik.

Na vier maanden was ik zwanger.

"Een paar uitzonderingen daargelaten gruwen klanten van een dikke buik," zei madame Nageena.

Ze liet Bhaskar guthka voor me halen. Toen nam ze me mee naar een kennis. Daar kreeg ik zoveel sterkedrank te drinken dat ik van de ingreep niks heb gemerkt. De volgende dag was ik weer aan het werk.

Ik was moe na de abortus. Ik werd steeds vermoeider, maar Bhaskar bleef klanten aanvoeren. Ik kon het tempo haast niet meer bijbenen. En de klanten werden gewelddadiger omdat ze niet genoeg aan hun trekken kwamen. Ik was uitgeblust, ziek en nauwelijks meer bewust van mijn eigen bestaan.

Of madame Nageena me heeft doorverkocht of gewoon heeft weggegeven, weet ik niet. Ik werd meegenomen door vijf mannen. In de auto begonnen ze mijn lichaam te betasten. Ze stopten op een plaats met veel struikgewas. Een voor een bestegen ze me.

Bij de derde man begon ik me te verzetten, bij de vierde nam een woede waarvan ik niet wist dat ik die in me had bezit van mijn ledematen. Ik schopte, ik sloeg. De mannen lachten en drukten me tegen de grond. Eentje haalde een groot mes uit de auto. Ik wilde schreeuwen, maar opeens kwam er geen geluid meer uit mijn keel. Mijn stem had me verlaten.

De messteek deed geen pijn. Ik hoorde een auto wegrijden en ik tuimelde een diepte zonder bodem in. Het was niet eens onaangenaam.

"O moordenaar van de dood, vergeef me al mijn slechte daden," was het laatste wat ik dacht.

Elk meisje in Asha Sadan heeft haar geschiedenis. De verhalen zijn heel verschillend, maar toch lijken ze op elkaar. Binnen de muren zijn we veilig, binnen de muren groeit onze hoop. Soms wordt er een nieuw meisje binnengebracht, met weer een ander verleden, met weer een ander verhaal. Op een dag zal ik door de poort naar buiten lopen, een nieuw en beter leven in. En als mijn stem is teruggekeerd zal ik heel hard de naam Enashi roepen. Ook zij moet worden gered.'

Susan Smit – Bangladesh

De meisjes van Dhaka

Nauwelijks heb ik de mail gelezen of ik weet al dat ik aan dit verzoek wil voldoen. Alles in me zegt 'ja' op de vraag van Plan Nederland of ik tien dagen naar Bangladesh wil gaan om een documentaire en een verhaal te maken over meisjes die worden uitgebuit als huisslavin, straatprostituee of kinderarbeidster. We zullen in de hoofdstad Dhaka verblijven, een van de drukst bevolkte, meest vervuilde en armste steden ter wereld, waar we ook nog eens de gevaarlijkste buurten zullen bezoeken. Ik ben geen overdreven bereisd iemand, ben gesteld op enig comfort en beschouw mezelf niet als een thrillseeker. Toch weet ik diep vanbinnen dat ik dit moet doen – uit solidariteit met de meisjes daar, om mezelf te onderwijzen, om mijn schrijven nu eens voor een goed doel in plaats van voor mijn eigen plezier in te zetten.

In mijn romans heb ik geschreven over vrouwen die in vroeger tijden aan alle kanten in hun mogelijkheden beperkt werden, en in artikelen voor tijdschriften als *Marie Claire* heb ik geschreven over de achtergestelde positie van vrouwen in landen als Pakistan en Irak. Het contrast met mijn eigen vrijheid en onafhankelijkheid trof me elke keer weer. Steeds besefte ik dat ik me in een bevoorrechte positie bevind door als vrouw in deze moderne tijd en op dit stukje wereld geboren te zijn. Het is tijd geworden om die positie te benutten. Om iets te doen voor vrouwen die minder geluk hebben gehad. Om iets terug te doen voor wat mij zomaar is gegeven.

Twee weken later zit ik op het kantoor van Plan Nederland

tegenover drie medewerkers die me vertellen over hoe de situatie in Bangladesh voor meisjes is en over de noodzaak daar iets aan te doen. Het is onmogelijk om nu nog te weigeren, ook al hoor ik over de ondraaglijke stank, de drukte en de viezigheid waar Dhaka berucht om is. Een van de medewerkers, een vrouw van mijn leeftijd, geeft me een lift naar huis. Ik vraag door over de gevaren die een land als Bangladesh met zich meebrengt, en als we afscheid nemen geeft ze me een plastic mapje ter grootte van een creditcard met daarin een uitschuifbare vijl, een schaar, een pincet en een spiegeltje. Ik neem het dankbaar en gretig aan, alsof dit voorwerp me zal beschermen tegen alle denkbare onheil. Het geeft me de illusie dat ik me kan voorbereiden op deze onderneming, net als de inentingen tegen ziektes die ik later zal halen.

Een paar dagen voor vertrek heb ik een informele ontmoeting met Gideon, de regisseur van de documentaire. Hij blijkt een kleurrijke figuur die de zaken bij de naam noemt en niet veel opheeft met gefilmde sentimentaliteit.

'Niet vol medelijden de hand beetpakken van een meisje dat je interviewt,' zegt hij, 'en niet huilen, wat voor afgrijselijke verhalen ze je ook vertelt.'

Ik begrijp het. Het zou niet eerlijk zijn. Het is niet aan mij om toenadering te zoeken of uiting te geven aan mijn medeleven om vervolgens weer uit iemands leven te verdwijnen. Ik dring er bij de regisseur op aan dat ik zelf zal interviewen en onderzoeken, en dat mijn rol niet beperkt blijft tot het zeggen van 'o' en 'a' in de camera.

'Ik ben schrijfster en journalist, geen BN'er,' zeg ik beslist. Gideon zet een getergd gezicht op, maar ik kan zien dat mijn opmerking hem bevalt.

Met het oog op het risico op buikloop door vuil en door ongekookt voedsel, sta ik met een lading desinfecterende doekjes en evenzoveel mueslirepen in mijn koffer op Schiphol. Mij kan niets gebeuren. De mensen met wie ik de komende tien dagen ga doorbrengen, staan al te wachten: Plan-medewerker Martijn, fotografe Ruth, cameraman Leon en Gideon.

Na een reis van zeventien uur, met een tussenstop in Dubai, komen we aan in ons hotel in Dhaka. Na een maaltijd van soep, rijst en bonen (het voedsel dat ik tien dagen lang zal eten) trekken we ons allemaal terug in onze hotelkamers.

Als ik een douche wil nemen en de kraan opendraai, zie ik tot mijn schrik dat er bruin water uit komt. Me niet douchen óf me douchen met vies water, dat zijn de opties. Ik kies de tweede, wrijf me daarna zo goed mogelijk schoon met een handdoek en stap uitgeput in bed.

De volgende ochtend staan we vroeg op en nemen we met al onze foto- en filmapparatuur plaats in het witte busje dat ons de komende dagen overal naartoe zal brengen. Nicolas, een knappe, lange Bengalees, is onze chauffeur. Zodra we de goed beveiligde ambassadebuurt waar ons hotel staat verlaten, word ik overweldigd door de chaos van de stad. Van verkeersregels lijkt geen sprake te zijn. Ik houd mijn hart vast. Op driebaanswegen – die worden gebruikt als zesbaanswegen – rijden vrolijk gedecoreerde riksja's, tuktuks en gehavende auto's door elkaar. Hard en aanhoudend toeteren is hier dé manier om te laten weten dat je ertussen wilt. Daarna is het een kwestie van de neus van je voertuig ervoor gooien in de hoop dat de andere partij afremt. Onze chauffeur blijft er rustig onder. Op het papiertje dat aan de stoel voor me hangt staat dat we hem elke drie uur een tijdje rust moeten gunnen. Dat lijkt me een goed plan.

De armoede is huiveringwekkend. Overal op straat liggen mensen in haveloze kleren te slapen. Als we even voor een stoplicht wachten, komt er een bedelaarster bij de auto staan die op het raam tikt. Ze kijkt me doordringend aan en wijst op haar baby, die slap in haar armen hangt. Voordat het stoplicht weer op groen springt, graaf ik gauw in mijn tas, draai het raampje open en geef haar een mueslireep. Ik heb het gevoel dat ik een dorstig plantje een paar miezerige druppels water geef.

We zijn op weg naar een geïmproviseerd schooltje dat zich in de hal van een armoedig huizenblok blijkt te bevinden. Hier krijgen jonge *domestic workers* (jonge, inwonende huishoudelijke hulpen) twee uur per dag les, van vier tot zes uur 's middags, als de mensen van Plan Bangladesh hun werkgevers zover krijgen. Dhaka telt duizenden van deze 'huisslaven': kinderen vanaf vijf jaar die hun dagen vullen met kleren wassen, maaltijden koken, schoonmaken, boodschappen doen en bedienen. Op een zeiltje zitten vijf jongens en twintig meisjes te zingen, tellen, lezen en schrijven. Hun sari's en jurkjes kleuren vrolijk bij elkaar, hun slippers liggen naast het zeil.

Ik kijk het klasje rond en zie kinderen die net oud genoeg zijn om zichzelf aan te kleden. Het is moeilijk te geloven dat hun gevraagd wordt te zorgen voor anderen als ze nog nauwelijks voor zichzelf kunnen zorgen. Officieel mag een kind in Bangladesh pas werken als het zestien jaar is, maar de Bengaalse overheid neemt geen enkele maatregel als deze wet wordt overtreden. Omdat er officieel geen kinderarbeid bestaat, is er ook geen regelgeving voor werkuren, omstandigheden of loon. Uit onderzoek van het Bangladesh for Labour Studies bleek dat 47 procent van de domestic workers tussen de elf en twaalf uur per dag werkt, dat een even groot percentage te weinig voedsel krijgt, en dat 60 procent te maken heeft met verbaal geweld en een tekort aan onderwijs, rust en vermaak.

Het zijn vooral de meisjes die vroeg van school worden gehaald en aan het werk worden gezet. Als er in een gezin weinig geld is, kiest men er massaal voor alleen de jongens naar school te laten gaan. Maar liefst 83 procent van de kinderen die als huisslaaf worden gebruikt is een meisje. Op elke 29 mensen die in Dhaka wonen is er één domestic worker onder de zestien jaar.

Mijn blik wordt getrokken naar een knap meisje dat haar hand voor haar mond houdt als ze lacht, wat ze veelvuldig doet. Haar naam is Hajira en ze is tien jaar oud. Met hulp van een tolk kom ik erachter dat haar vader verslaafd was aan *dandie*, schoenenlijm die wordt opgesnoven, en dat haar moeder haar achterliet bij haar grootouders op het platteland. Toen ze zes was werd ze naar Dhaka gestuurd om bij een rijke oudere dame in de huishouding te gaan werken. Ze heeft het slecht getroffen, ontdek ik. Als Hajira een kopje laat vallen of zich verslaapt, wordt ze door de vrouw die ze *auntie* noemt gestraft. Ze werkt meer dan twaalf uur per dag voor een schamel loon dat naar haar ouders wordt gestuurd. Ze vertelt dat ze regelmatig wordt geslagen en uitgescholden.

'Wat zegt je bazin dan tegen je?' vraag ik.

Hajira kijkt naar de grond en zwijgt langdurig. 'Je bent niets en je kan niets,' zegt ze dan zachtjes.

In haar ogen zie ik haar verdriet.

Voordat Hajira toestemming kreeg om de lessen bij te wonen, bezochten de medewerkers van Plan Bangladesh de oudere vrouw, haar bazin, enkele keren om haar over te halen. Nahid, een vijfendertigjarige vrouw met uitbundige make-up en kleurrijke sjaals, was een van de sociaal werksters die op auntie inpraatte. Ze vertelt me dat ze een paar keer per week langs de deuren gaat om gezinnen die domestic workers in dienst hebben ervan te overtuigen hun jonge werknemers een paar uur per dag kosteloos naar school te laten gaan.

'We benadrukken het feit dat zij er profijt van hebben doordat de kinderen met een beetje scholing gebruiksaanwijzingen en houdbaarheidsdata kunnen lezen en de telefoon netjes kunnen opnemen,' zegt ze. 'Maar eigenlijk is ons belangrijkste doel, naast eenvoudig onderwijs, de kinderen te leren voor zichzelf op te komen en hun te leren hoe ze moeten omgaan met conflicten.'

Met behulp van Nahid voer ik een gesprek met Hosnera, een veertienjarig meisje dat verrassend klein en jeugdig is voor haar leeftijd. Ze ziet eruit als negen, hooguit tien. Hosnera werd op haar zesde door haar ouders van het platteland naar een rijke familie in de stad gestuurd om er te werken als huishoudster. Ze hadden grote moeite om hun kinderen te eten te geven, en toen er een vijfde baby werd geboren, was het voor Hosnera tijd om te vertrekken. Haar loon wordt naar haar ouders gestuurd – zelf krijgt ze niets.

Ze werkt tien tot twaalf uur per dag, vertelt Hosnera, de moeder van het gezin blaft haar de opdrachten toe en het is gebruikelijk dat ze op de gang blijft staan wachten op instructies. Toch is deze familie – waar ze nu twee jaar werkt – een enorme vooruitgang vergeleken met de vorige. Daar werd ze geslagen, moest ze ruim veertien uur per dag werken en kreeg ze nauwelijks te eten. Omdat er bij iedere fout iets op haar toch al schamele salaris werd ingehouden, zonden haar ouders haar naar dit nieuwe adres.

Ik hoor haar verhaal aan en moet me de vermaning van Gideon om 'niet medelijdend de hand te pakken van een meisje, hoe erg haar verhaal ook is' goed voor ogen houden om niet de fout in te gaan. Zodra de camera uit is, strijk ik Hosnera toch even over haar rug. We spreken af dat we de gezinnen bij wie Hajira en Hosnera werken deze week proberen te bezoeken. Nahid zal haar uiterste best doen een afspraak met hen te maken.

De volgende ochtend al krijgen we tijdens het ontbijt een telefoontje dat het gelukt is een afspraak te maken met de werkgeefster van Hajira en dat we een paar uur later bij haar op bezoek mogen komen. Ze is bereid een interview te geven.

Ik spreek mijn verwondering tegenover Gideon uit over zoveel openheid. Hij lijkt absoluut niet verbaasd.

'Die gezinnen hebben helemaal niet het idee dat ze iets verkeerds doen,' zegt hij. 'Er is geen enkel besef van de rechten van een kind. Sterker nog: het geeft aanzien om zo'n kindslaafje in huis te hebben. Ze scheppen er graag over op.'

Ik eet mijn boterham op en maak me stilletjes kwaad. Tientallen lastige vragen komen in me op en ik ben vastbesloten ze te stellen.

'Waarom neemt u geen volwassen vrouw als huishoudster in dienst?' vraag ik de werkgeefster van Hajira maar meteen nadat ik met de fotograaf en Nahid, die opnieuw als tolk optreedt, de drempel over ben gestapt. De vrouw antwoordt dat jonge meisjes gehoorzamer zijn en sneller leren.

'Makkelijk te commanderen en goedkoop' is de vertaling in mijn hoofd. Gemiddeld verdient een meisje 510 taka (ongeveer 5 euro) per maand, wat neerkomt op nog geen 18 cent per dag. In sommige gevallen is er helemaal geen sprake van loon – het meisje krijgt dan slechts onderdak, voedsel en kleding.

Als ik auntie vraag of ze haar eigen dochters, van wie ik de ingelijste foto's op het dressoir heb zien staan, als domestic girl zou laten werken, schudt ze haar hoofd.

'Daar zou ik helemaal niet blij mee zijn,' zegt ze.

Het huis van auntie heeft drie slaapkamers, waarvan er twee niet gebruikt worden nu haar kinderen het huis uit zijn en haar echtgenoot is overleden. Hajira blijkt niet in een van de lege slaapkamers te overnachten, maar naast het bed van haar werkgeefster op de grond te slapen.

'Omdat ze zich anders eenzaam voelt,' aldus auntie.

Ik geloof eerder dat zij zelf tegen eenzaamheid behoed moet worden en dat ze haar huisslaaf daarom als een soort hond sommeert naast haar te slapen.

'Kunt u dan niet een bedje bijschuiven?' vraag ik.

'Ze vindt het prettig zo,' is het afgemeten antwoord.

Hajira, die naast me op de bank zit, bevestigt dit desgevraagd. Ze is gespannen als een veer en ontwijkt mijn blik.

Slaan, daar doet auntie niet aan, beweert ze zelf. 'Liever leg ik rustig uit waarom Hajira iets fout heeft gedaan en hoe ze het kan verbeteren.'

Ik krijg sociaal wenselijke antwoorden voorgeschoteld en besluit van tactiek te veranderen. Ik ga doen alsof ik het ook allemaal heel normaal vind.

'Maar als u Hajira moet straffen omdat ze écht ondeugend is geweest, gebruikt u dan uw handen of een stok?'

Als Nahid mijn vraag vertaalt, kijkt Hajira verbaasd naar me op en mijn hart breekt.

Auntie schudt van nee. Ze blijft erbij: dat keurt ze ten zeerste af.

Ik geef het op, maar kan me niet voorstellen dat Hajira de vorige dag heeft gelogen over het geslagen worden door haar bazin. Al helemaal niet als ik de agressieve toon hoor die de vrouw tegen het meisje aanslaat.

Later, als auntie even de kamer uit loopt, uit ik mijn onmacht tegen Nahid. Kan Hajira hier niet weggehaald worden?

'We hebben te maken met beperkingen,' zegt ze. 'We moeten binnen de bestaande structuren werken, de werkgevers niet te veel tegen de haren in strijken, anders krijgen we de kinderen het schooltje niet in en kunnen we ze niet bekrachtigen.'

'In ieder geval is er geen man in huis,' zegt ze dan onheilspellend.

In de dagen die volgen worden mijn bange vermoedens bevestigd door het ene na het andere meisje dat na seksueel misbruik van een gezin is weggevlucht en op straat terecht is gekomen.

In het islamitische Bangladesh is vrije seks verboden. Een jong meisje is kwetsbaar voor verkrachting omdat zij en haar familie daarover altijd zullen zwijgen. Als eenmaal naar buiten komt dat een meisje is misbruikt, kan ze namelijk moeilijker uitgehuwelijkt worden. Een meisje met seksuele ervaring – vrijwillig of niet – is geen goede huwelijkskandidaat. Omdat algemeen bekend is dat seksueel misbruik door de zonen, vaders en ooms van het werkgezin veel voorkomt onder domestic girls, is uithuwelijking toch al een groot probleem.

In de deuropening neem ik afscheid van Hajira. Alles zal bij het oude blijven, besef ik, ik kan niets voor haar doen. Deze meisjes zijn de assepoesters van onze tijd: afgesloofd, uitgebuit, beroofd van hun kindertijd en opgezadeld met een onzekere toekomst.

Als auntie buiten gehoorsafstand is, vraag ik Hajira of ze echt liever op de grond slaapt in plaats van in een bed op een eigen kamer. Ze schudt behoedzaam van nee. Haar lippen trillen.

'Beloof me alsjeblieft dat je haar niet gelooft als ze zegt dat je niets bent en niets kunt,' vraag ik haar voordat we weggaan. Ze belooft het.

Ik kijk naar haar bedrukte gezichtje en denk terug aan de vrolijke Hajira die ik in de klas heb ontmoet. Daarmee besef ik het grootste belang van de school: ze is onder lotgenoten, sluit vriendschappen, en weet dat ze niet de enige is die in deze benarde positie zit. Ze kan even, al is het maar twee uur per dag, een gewoon meisje zijn.

's Middags rijden we naar de sloppenwijk Bawnieabandh, waar 150 000 mensen boven op elkaar wonen. Het rioolwater loopt langs de onverharde straten waarlangs golfplaten huisjes staan, de wijk is omringd door een vuilnisbelt. Onze groep is een bezienswaardigheid: ik kan me amper voortbewegen door de drommen nieuwsgierige mensen. Ogen staren me aan, vingers willen me aanraken. Ik moet een soort buitenaards wezen zijn met mijn 1.83 meter, lichte huid en blonde haar.

Een moeder houdt haar kleuter omhoog en laat het kind mijn haar aanraken. Het meisje heeft waarschijnlijk nog nooit een blanke gezien, of in ieder geval niet zo'n rare lange blonde griet.

'Are you from Japan?' vraagt een jongen.

Als de mensen in de wijk een beetje aan me gewend zijn, neem ik plaats in een klas waar Plan de meisjes voorlicht over verkrachting, uithuwelijking en tienerzwangerschap. Ze vertellen me dat als een meisje een huwelijksaanzoek weigert, ze de kans loopt dat beledigde familieleden zuur in haar gezicht gooien.

'Hoe kan een kind nou voor een kind zorgen?' vraagt een van de meisjes. Bij deze groep zit het wel goed met de bewustwording; nu de rest nog.

De volgende dag ga ik samen met Nahid langs bij gezinnen met domestic workers om ze ervan te overtuigen de kinderen gratis twee uur per dag naar school te laten gaan. In een wijk vol hoge flats ontmoet ik de dertienjarige Prabin, die na de ziekte van haar vader, die visser was, van school werd gehaald om bij te dragen aan het gezinsinkomen. Haar werkgever zegt te zullen nadenken over het naar school gaan. In dezelfde flat, een verdieping lager, stuitten we bij de werkgevers van de veertienjarige Runa op minder enthousiasme. Haar baas zegt 'te twijfelen of Runa wel slim genoeg is om te leren'. Runa, zo op het oog een pienter meisje, slaat haar ogen neer.

Als ik later met haar alleen de was opvouw, zegt ze dat het haar grootste wens is lerares te worden.

We stappen de auto weer in en rijden naar een rijke buitenwijk van Dhaka, waar de huizen er naar westerse begrippen nog steeds armoedig uitzien. Het is ook gelukt om met het werkgezin van Hosnera, het meisje dat ik op het schooltje ontmoette, een afspraak te maken.

We bellen aan en de hele familie zit al klaar. We mogen in de ontvangstkamer een drankje drinken. Hosnera schenkt ze voor ons in en serveert ze uit. Daarna blijft ze bij de deuropening staan wachten op verdere opdrachten. Het is niet de bedoeling dat ze binnenkomt.

Het moet voor de knappe veertienjarige dochter van het gezin, Isha, een bijzondere ervaring zijn om even in de schaduw te staan van haar bediende Hosnera. Isha doet mee aan traditionele Indiase danswedstrijden op televisie, zit op een muziek- en theaterschool en heeft nog nooit haar eigen kopje thee ingeschonken. We bekijken foto's van een prachtig uitgedoste Isha en worden getrakteerd op een privéoptreden, maar het grootste gedeelte van de tijd moet ze toezien hoe we praten met en foto's maken van Hosnera, die nooit eerder in haar leven is gefotografeerd.

De zoon van de familie, Rishi, zegt dat ze van Hosnera houden als van een zus.

'Maar dan wel een zus die heel veel klusjes voor je opknapt,' zeg ik, en hij lacht niet-begrijpend.

Ik krijg genoeg van de 'Ishashow' en ga met Hosnera de was

ophangen op het dak van het appartementencomplex. Ze lacht om mijn onhandigheid, we maken grapjes en ik zie langzaam de gedienstige en ernstige Hosnera plaatsmaken voor de Hosnera die ik in de klas ontmoette: giechelig en vrij.

Ze plukt een gele bloem uit een van de bloempotten die op het dak staan en steekt hem achter mijn oor. Ik doe hetzelfde bij haar en we gieren het uit.

Op de vijfde dag bezoeken we een opvanghuis dat door Plan Nederland wordt gefinancierd. Voor 15 dollar per maand kan een kind hier een maand worden opgevangen. De kinderen komen uitgelaten op ons afrennen. De drukte, het lawaai van kinderstemmen, de stank van de kaarsen die gemaakt worden, overspoelen me en onbewust zet ik me schrap. Als we foto's maken, verdringen de kinderen zich voor de lenzen en trekken ze gekke bekken. Het is fijn om kinderen zich eens te zien gedragen als kinderen.

Het hartverscheurende verhaal dat achter deze kinderen schuilgaat, kom ik te weten als ik wat tijd doorbreng met drie meisjes: de elfjarige Laki, de dertienjarige Pinky en de elfjarige Popi. We maken kaarsen van hete was, vouwen zakjes, bedrukken rollen stof met verschillende motieven en zingen liedjes. Na een tijdje vertellen ze me via een tolk hun verhaal. Alle drie ontvluchtten ze na misbruik en mishandeling hun eigen gezin of een werkgezin; ze belandden op straat en moesten bedelen, werden verkracht, en verkochten na verloop van tijd hun lichaam bij het treinstation. Het is moeilijk te geloven dat deze meisjes op nóg jongere leeftijd als prostituee werkten en dat er bovendien klanten waren die geïnteresseerd waren in hun kinderlijke lichaam.

Op het dak van het opvangcentrum in Dhaka, de enige plek van het gebouw waar wat rust te vinden is, praat ik met Laki. Op heel jonge leeftijd stierven haar ouders en ze werd opgevoed door haar buren op het platteland. Honger dreef hen naar de hoofdstad Dhaka, en toen haar stiefmoeder een paar dagen als dagwerker in een fabriek had gewerkt, stierf ze. Vanaf dat moment zwierf Laki door de stad.

Ze vond een overdekt plekje naast het treinstation Komlapur, waar ze, samen met andere straatkinderen, sliep en at. Door te bedelen probeerde ze in leven te blijven. De andere zwerfkinderen lieten haar kennismaken met dandie. Het deed haar de honger en de ellende voor even vergeten en ze raakte eraan verslaafd. Ze zag hoe andere meisjes hun lichaam aan mannen verkochten in ruil voor geld, dat ze op hun beurt weer aan een 'uncle' moesten geven. Laki wil niet zeggen of zijzelf deze ervaring heeft gehad, maar de doffe blik in haar ogen spreekt boekdelen.

Op een middag vroeg een groep kinderen of ze haar leven op straat wilde opgeven en mee wilde komen naar een opvanghuis van Plan. Ze ging mee en is nooit meer weggegaan.

Inmiddels maakt Laki kaarsen en decoreert ze doeken in het centrum. Ze krijgt les in lezen, schrijven en rekenen en volgt een fotocursus waarvoor ze haar dagelijkse leven in beeld brengt. Twee keer in de week reist ze met twee andere meisjes met de bus of de riksja naar het treinstation om te doen wat iemand ooit voor haar deed: ze probeert straatkinderen die zich prostitueren ervan te overtuigen mee te gaan naar het opvanghuis.

Van een verward, gesloten kind is ze een lachebekje geworden, en van een hulpeloos meisje is ze uitgegroeid tot een voorbeeld voor anderen.

Als ik 's nachts in bed lig, kan ik de slaap niet vatten. De verhalen die ik heb gehoord verontrusten me. Aanranding, verkrachting, misbruik, gedwongen prostitutie: ik hoor al dagen niets anders van piepjonge meisjes. Welke idioot wil nou een meisje van zes ontmaagden?

De ellende die de meisjes in het opvanghuis met me deelden en de tranen die ze van hun wangen (en de mijne – ik heb gezondigd tegen het tweede verbod van Gideon om niet te gaan huilen) veegden, doen me hevig twijfelen aan mijn wereldbeeld.

Het is naïef. Alles wat rooskleurig was wordt diepzwart, alles wat lichtvoetig was wordt loodzwaar.

Behalve al het misbruik blijft een ander schokkend feit maar door mijn hoofd spoken: een zwangere vrouw heeft hier de laagste status en raakt soms ondervoed.

'Het zit in de cultuur' of 'het is onderdeel van de religie' krijg ik steeds als verklaring aangereikt. Nou en? Geen enkel religieus of cultureel principe staat in mijn ogen boven het respecteren van mensenrechten. Traditie is slechts iets wat we ooit voor het eerst en daarna heel vaak hebben gedaan, totdat niemand meer beter weet. Als een maatschappij niet toestaat dat iedereen zich in vrijheid kan ontwikkelen, moet die maatschappij veranderen.

Ik probeer tot rust te komen door mijn iPod aan te zetten en naar Tori Amos en Chet Baker te luisteren. Pas uren later val ik in slaap.

Op de zesde dag bezoeken we het BNWLA, een juristenkantoor waar alleen vrouwelijke advocaten werken. We brengen een meisje van zes onherkenbaar in beeld. Ik houd haar op mijn schoot en vertel in de camera hoe ze door een onderbuurman werd verkracht en bloedend en in levensgevaar naar het ziekenhuis werd gebracht, en dat ze nu in afwachting is van de rechtszaak. Om haar te beschermen tegen wraakacties van de buurman en zijn familieleden, verblijft ze in een opvanghuis ver weg van haar ouders.

Als we klaar zijn, slaat ze haar armpjes om mijn nek en zo blijven we even zitten.

Een van de advocaten vertelt dat de baby's van bedelaars meestal worden gehuurd van moeders die in fabrieken werken. En dat ze worden gedrogeerd.

Mijn gedachten gaan terug naar de baby die zo slap in de armen van de vrouw bij het stoplicht hing. Ik ben geschokt en verfoei opnieuw mijn naïeve kijk op de wereld.

De volgende ochtend ziet het ernaar uit dat het de hele dag zal regenen. Met Pinky, die van een bolletje wol een popje voor me heeft gemaakt, Popi en Laki ga ik naar het treinstation waar ze twee keer per week naartoe gaan om meisjes ervan te weerhouden te gaan tippelen en om hen mee te nemen naar het opvanghuis. Ik kijk toe hoe ze met z'n drieën op een vervuild, verward meisje afstappen en net zo lang op haar inpraten tot ze haar spullen pakt en meegaat naar het opvanghuis. Ik voel me op een vreemde manier trots als ik hen bezig zie.

Als er even niemand kijkt, trekt Popi met een bezorgde blik mijn rok, die een beetje omhoog is gekropen, naar beneden over mijn kuiten. Het gebaar ontroert me.

Aan het einde van de dag ontmoet ik in een van de slechtste buurten van Dhaka jonge meisjes die tippelen en die verslaafd zijn aan dandie. Als de schemering invalt ga ik met hen de straat op. Onder een boom stiften ze hun lippen en transformeren ze van kinderen tot lichte vrouwen. Het geld gaat naar hun uncle, die voor ze spaart.

We lopen door de straten en de mannen kijken wellustig naar de meisjes. Ik voel me opgelaten. Kwaad ook. Ik kan de mannen die de meisjes benaderen wel een schop geven op hun meest kwetsbare plek – zodat ze nooit meer seks met een meisje van negen kunnen hebben.

Als ik de cameraploeg even verlaat om mijn tas op te halen, ga ik in mijn eentje een half verlicht trappenhuis binnen. Op de derde verdieping staat een deur open en ik zie een paar mannen zitten die me nieuwsgierig aankijken. Mijn hart bonst en ik versnel mijn pas. Zo voelt het dus om geen veiligheid te hebben, bedenk ik me als ik weer met de ploeg in de bus zit. Altijd maar onveilig. Alleen omdat je een meisje bent.

's Nachts droom ik over meisjes die op mijn bed zitten en me aankijken met holle ogen, zonder iets te zeggen.

Eindelijk kunnen we de stinkende stad uit en gaan we naar het platteland! Na het ontbijt rijden we urenlang. Nadat we de bus hebben geparkeerd, wandelen we een kwartier door adembenemend mooie rijstvelden naar een piepklein dorpje. Het slijk zuigt zich vast aan mijn schoenen. Het hele dorpje is uitgelopen om ons buitenlanders te zien. We hebben een afspraak met de vijftienjarige Rosina, die op haar dertiende van school werd gehaald, werd uitgehuwelijkt en nu een kind heeft. Haar man is een slungelige puberjongen die er niet onaardig uitziet.

De tolk vertelt dat het uithuwelijken van jonge meisjes veel voorkomt op het platteland, omdat ouders hun dochter willen behoeden voor de wellust van andere mannen. Een meisje dat verkracht is, is op de huwelijksmarkt immers niets meer waard. Na een zwangerschap is een meisje nog veiliger: mannen vinden moeders minder aantrekkelijk.

Ik slik. Het zwarte gevoel dat me de laatste dagen omringt wordt nog zwarter.

Met een publiek van tientallen bewoners die in rijen om ons heen staan, probeer ik contact te krijgen met Rosina, die bij zoveel aandacht verlegen naar de grond blijft kijken. Ik besluit iets met haar te doen – dat is altijd de beste manier om het ijs te breken. Via een tolk vraag ik haar wat haar taken zijn en ze zegt dat ze voor het gezin van haar man moet koken.

En dus gaan we koken – niet bepaald mijn grootste talent.

Op haar hurken legt ze wat droge takken over een zwartgeblakerd gat in de grond, die ze aansteekt met een lucifer. Ze hangt er een pannetje boven waar ze wat water in giet. Als het water kookt, doet ze er een handvol rijst in.

Terwijl ik halfslachtig in het pannetje roer, vraag ik haar of ze graag wilde trouwen. Ze zegt van wel, maar haar woorden hebben geen enkele overtuigingskracht. Haar ouders wilden graag dat ze ging trouwen, zegt ze dan.

'Zou je ooit tegen de wensen van je ouders in gaan?' vraag ik haar.

Ze schudt haar hoofd.

'Eigenlijk wilde ik graag lerares worden,' zegt ze fluisterend.

De laatste dag van ons verblijf in Bangladesh is aangebroken. Eerst nemen we afscheid van de meisjes in het opvanghuis. Popi en Laki staan boven al te wachten en laten zich langdurig omhelzen, maar Pinky is onvindbaar. Popi en Laki houden mijn handen vast en begeleiden me terug naar de auto. Als ik weer buiten sta, zie ik dat Pinky schokschouderend voor het raam staat te huilen.

Ik stuif de trap weer op en hurk voor haar neer. Ze huilt hartverscheurend en strekt haar handen naar me uit. Een nieuw gevoel overvalt me. Het is een moedergevoel, besef ik. Nooit eerder heb ik zoiets gevoeld. Het bevindt zich rond mijn hart en mijn buik, voelt zwaar, beschermend, zorgelijk, oneindig licht en liefdevol tegelijkertijd.

De leidster weigert voor me te vertalen dat ik Pinky nooit zal vergeten, misschien omdat ze dat niet eerlijk vindt tegenover de andere kinderen of omdat ze Pinky geen valse hoop wil geven. Ze blijft hardnekkig nee schudden, wat ik ook probeer.

Ik leg mijn hand op mijn hart en dan op dat van Pinky, en ze lijkt me te begrijpen.

Voordat we naar het vliegveld rijden, wil Gideon nog een bezoek brengen aan het oude centrum van Dhaka, waar de fabrieken staan. Daar zouden veel kinderen onder belabberde omstandigheden werken. Met onze koffers in de achterbak, drie uur voordat we moeten inchecken, belanden we in een file.

We spreken af dat als we over een halfuur nog niet halverwege zijn, we omkeren en naar het vliegveld rijden.

'Ik heb het gevoel dat we moeten omkeren,' zeg ik, maar ik weet niet of het de angst is dat we het vliegtuig missen of een echt voorgevoel, dus ik dring niet verder aan.

Net voordat het halfuur voorbij is zijn we halverwege. We rijden door. Dan lost de file op en zijn we verrassend snel in het centrum.

We haasten ons de bus uit en gaan op pad. In het oude centrum is de stank zo mogelijk nog erger dan in de rest van de stad.

In een razend tempo bezoeken we fabrieken waar kinderen werken, wat bij alle het geval lijkt te zijn.

Overal waar ik binnenloop tref ik een nieuwe hel aan: meisjes die in een glasfabriek glas opruimen en overal wonden hebben, meisjes die in de verstikkende geur van vloeibaar plastic schilderijlijsten maken, meisje die zakken met katoenresten vullen, en jongens die schalen slijpen en grijs zien van de aluminiumdeeltjes. Mijn longen branden als ik na enkele minuten buitenkom. Ouder dan twintig zullen deze jongens niet worden, zegt Gideon.

Uren later zitten we in het vliegtuig en slaak ik een diepe zucht. Ik heb meer leed, vrolijkheid – ondanks alles – saamhorigheid en uitbuiting gezien dan ooit eerder in mijn leven. Het is te veel, te groot, te vreselijk.

Ik ben uitgeput. De stoel naast me is vrij, achter me zit de cameraman. Ik voel me onbespied en ontspan.

Het vliegtuig komt los van de grond, de stad glijdt onder me vandaan. Afgemat kijk ik uit het raam. Van bovenaf is Dhaka nu een verzameling lichtjes: vrolijk, onschuldig, abstract. Het leed, de armoede, de angst en het geweld zijn niet meer zichtbaar. De zwartheid die me steeds op de hielen zat, wordt nu gecamoufleerd door licht, als een kerstboom waarvan je de takken niet meer ziet, alleen nog de gloed van de lampjes.

Mijn gevoelens zijn tweestrijdig: aan de ene kant wil ik niets liever dan me losmaken van de zwaarte en weer vrij ademhalen, aan de andere kant voelt het ook alsof ik nog niet klaar ben, nog dingen moet doen. Ik heb niet genoeg gedaan. Ik laat ze in de steek. De zwaarte blijft, de meisjes hebben nog zoveel voor de boeg, en ik verhef me in dit toestel en vlieg bij hen vandaan. Ik ga terug naar het overzichtelijke, veilige, bekende. Dat brengt een opluchting teweeg waar ik me schuldig over voel.

Met Pinky's wollen popje in mijn hand dwing ik mezelf net zo lang uit het raam te kijken tot het laatste lichtje van Dhaka uit het zicht is verdwenen.

Ik merk dat mijn wangen nat zijn. Ik ben geluidloos aan het huilen, en nu ik eenmaal ben begonnen kan ik niet meer stoppen en raak ik steeds meer overstuur.

De cameraman reikt over mijn stoel heen en legt een hand op mijn schouder.

'Het wordt wel beter,' zegt hij zachtjes.

Voor mij wel, denk ik. Voor mij wordt het beter.

Lydia Rood – Mali

Ga slapen, ma belle

Het staat vast dat van drie vriendinnen er nooit meer dan een gelukkig wordt, en dat deze ene meestal ook nog maar alleen momenten van geluk zal kennen, zoals de dag dat ze haar oudste kind naar school kan sturen, en het moment dat haar man haar na een goede dag plotseling '*ma belle*' noemt. De andere twee zullen met een gehavend lichaam eindigen in een goedkope kist, de ene veel te vroeg, de andere veel te laat.

Het was echter niet van het begin af aan duidelijk wie van de drie dunne bruine meisjes de gelukkige zou zijn. Madina, de brutale met de slimme ogen, van wie de mannen in het dorp nu al zeiden: 'Een kwaaie, die. De man die háár krijgt, nou!' Had Madina de meeste kans op geluk?

Of Dicko, de stevige, die op haar achtste al water kon halen zonder haar handen te gebruiken en die was beloofd aan de jongere broer van de schoolmeester. Die broer was chauffeur en soms met een grote witte terreinwagen naar het dorp kwam, stoer en met een glimlach van zelfvertrouwen. Werd Dicko gelukkig, met hem?

Of toch Nana, die langs de muur bewoog als een slang, die in kieren verdween en nooit iemand aankeek? Nee, Nana kon het niet zijn.

Ze waren vriendinnen omdat ze in dezelfde maand geboren waren, op hetzelfde erf. Hun moeders waren schoonzusters, maar Madina was de kleindochter van het dorpshoofd en liep zijn vestibule in en uit, waar Dicko schuchter bij de ingang bleef staan en waar Nana niet eens voorlangs durfde te lopen.

Nana had het trouwens te druk. Voor schooltijd veegde ze het erf, haalde ze water, voerde ze de kippen, deed ze de afwas, kookte ze gierstpap voor de mannen op het veld en deed ze al die andere klusjes die haar moeder door haar slechte rug niet kon doen. Na schooltijd paste ze op de kleintjes, hielp ze met rijst wannen, pelde ze de hete, gerookte boterboombonen en sorteerde ze aardnoten. Lang nadat haar moeder was gaan zitten om tegen haar uit te varen, stond Nana nog gebukt de pannen te schuren. Lang nadat haar moeder hijgend ophield met schelden, kwam Nana terug met de was, soms pas in het donker, als de laatste restjes uit de pan waren geschraapt en de kinderen al op hun matten lagen.

Maar soms mocht ze in de namiddag het veld in om takken te halen, met vers blad eraan voor de geiten. Dan gingen Madina en Dicko mee en voerden ze onderweg meisjesgesprekken.

'Waarom,' vroeg Nana, 'moet ik alles doen en mijn zusje niets?' Madina en Dicko keken elkaar aan.

'Fanta is jonger,' zei Dicko aarzelend. Ze hoorde wel eens wat op de plaats onder de boom, waar de vrouwen het meel stampten. 'Jaren jonger.'

'Waarom krijg ik alle klappen?'

Madina haalde haar schouders op. Wat kon ze zeggen?

'En Fanta gaat trouwen met Cheick, dat is al beslist. Waarom zoeken ze niet eerst een man voor mij? Fanta heeft een neus als een yam.'

'Maak je niet druk,' zei Madina. 'Trouwen komt later wel. Ze vinden heus wel iemand voor je.' Ze waren pas twaalf, ze hadden de tijd.

'Ik hoop dat ze me naar de stad laten gaan,' zei Nana. Maar daarop was weinig kans. Haar moeder was te gehecht aan haar zere rug.

'Dan ga ik mee!' Dicko's maandstonden waren begonnen. Elke maand kwam er ergens tussen haar benen bloed vandaan, waar het ribbelig was van de littekens. Dan werd het daar dik, en soms deed het twee weken later nog pijn. Net als ze het vergeten was, als ze weer kon gaan zitten zonder na te denken, begon het bloeden opnieuw. 'Pijn hoort erbij, daar word je sterk van,' zei haar moeder. Maar Balkissa wist het niet, van dat opzetten, en ze rook het ook niet, want daar zorgde Dicko wel voor. Het zou nog een paar jaar duren voor ze met de broer van de schoolmeester moest trouwen.

Madina schudde haar hoofd.

'Gaan jullie maar naar de stad. Ik blijf op school, ik word juf.'

'Ik ook,' zei Dicko toen. 'Maar eerst ga ik in de stad wonen.'

'Dan kun je geen juf worden,' zei Madina.

Nana zei: 'Misschien woont mijn echte moeder wel in de stad.' Ze luisterde naar wat ze had gezegd. Dat moest het zijn.

'Bayi kan mijn moeder niet zijn,' zei ze luid. Een kudde geiten schrok ervan en holde weg.

Madina en Dicko keken elkaar opnieuw aan, kort.

'Wat?' vroeg Nana.

De andere meisjes gaven geen antwoord. 'Vraag het maar aan je vader,' zei Dicko ten slotte. 'Wij kunnen het best bij het verkeerde eind hebben.'

'Niemand heeft ons echt iets verteld,' zei Madina.

Maar daar maakten ze het alleen maar erger mee.

In het donker onder hun afdak, vroeg Nana later aan haar vader of Bayi wel haar moeder was. Had hij niet eerder een vrouw gehad?

'Ga slapen, dochter,' zei M'baba.

Dicko zou trouwen als ze vijftien was, maar eerst moest ze naar de stad om haar uitzet te verdienen. Ze zou gaan wonen bij hun oom Zou, in een buitenwijk, en Nana mocht mee om haar te brengen en bleef een weekje logeren. Ze vertrokken midden in het regenseizoen, net na de bruiloftsfeesten.

'Alsof ik haar kan missen!' zei Nana's moeder boos tegen haar man. 'Nu met die drukte en alles!'

Nana hield zich slapende.

'Ze komt gauw terug. Fanta kan haar werk doen.'

'Fanta is niet sterk. Ze heeft mijn rug.'

'Ja? Misschien moeten we Nana dan aan Cheick geven.'

Dat snoerde Bayi de mond.

Nana grijnsde in het donker. Ze ging naar de stad!

De volgende ochtend pakte ze haar spullen in. Ze vulde een geruite plastic tas met alle kleren die ze had en met geschenken voor oom en tante. Vooral eten, en mooie dingen die ze had gemaakt.

'Ga je emigreren?' vroeg haar moeder. 'Niet die riem, ben je gek? Zoek een touwtje.' Tegen een zuster zei ze: 'Ik ben veel te toegeeflijk voor dat kind geweest. Nu is ze verwend.'

'Sst,' zei Balkissa. Nana keek niet op. Sst?

Ze vroeg het de volgende dag aan de oudste zus van haar vader: 'Tante, wat is er dat ik niet weet?'

Haar tante weifelde.

'Vraag het aan je...'

'Maar mijn vader wil het niet vertellen.'

Ze schudden hun manden, een rijstvelletje kwam in Nana's neus en ze nieste. Haar tante bleef zwijgen, schudden en zwijgen.

'Fanta wordt niet geslagen,' zei Nana. 'Fanta krijgt Cheick. En Fanta is lelijk, met die neus van d'r.'

'Goed dan', zei haar tante. 'Ze hadden het je moeten zeggen.'

Nana balde haar vuisten.

'Je was anderhalf toen je moeder stierf. M'baba is een halfjaar later met Bayi getrouwd. Ze haat je. Ik heb gezien hoe ze tegen je doet, iedereen behalve je vader heeft het gezien; hij wil het niet zien.'

Nana knikte, schudde haar mand en knikte nogmaals, schudde en knikte. Dus het was waar. Bayi was niet haar echte moeder, ze was niet eens familie, maar zomaar een vrouw die de baas over haar speelde. Die eeuwige woorden van haar: 'Ik ben hard voor je omdat het leven nog harder is, ik ben hard voor je omdat ik van je hou' – waren gewoon een leugen.

Ze was wees. Een halve wees, maar dat maakte geen verschil,

omdat haar vader in de ban was van Bayi en alles deed wat zij wilde. Nana had niemand.

Maar haar tas stond ingepakt en het geld voor de bus zat al in de zak van Dicko's vader. Straks zouden ze afscheid nemen, niet met muziek en gedans, zoals aan het eind van de regentijd als de meeste meisjes vertrokken, maar ze zou wel kleine cadeautjes krijgen, lekkere dingen voor onderweg. En morgenvroeg zouden ze gaan.

Het stortregende, het afscheid zou in het water vallen, en het gebrul van opgewonden kikkers hield Nana uren wakker zodat ze zich bijna versliep. Maar Madina haalde haar uit bed en ze renden het eerste stuk, naar de rode weg. Dicko's vader wenkte een pick-up en ze mochten meerijden in een modderige laadbak tot aan de asfaltweg naar de stad. De bus kwam, de bagage werd opgeladen, Dicko's vader betaalde. Sanogo kwam aanrijden met zijn grote witte auto, hij stopte en stapte even uit om te zwaaien en Dicko's hand fijn te knijpen – en toen was het voorbij. De weg naar hun dorp verdween tussen huizen en auto's.

'Ik kom niet meer terug,' zei Nana. 'Of misschien alleen voor jouw bruiloft. Ze hebben één mesje gebruikt voor ons allebei, we zijn zusjes, ik moet wel in de stad blijven als jij daar blijft.'

Dicko keek haar aan, schudde haar hoofd met een lachje, maar zei: 'Goed.' Ze hield haar hand omhoog en Nana sloeg de hare ertegenaan. Ze lachte.

Een vrouw uit hun dorp keek om.

'Goh, Nana! Dus jij kan lachen. Goh.'

'Jammer dat Madina er niet bij is,' zei Nana. 'Ik mis haar nu al.' Want ook Madina was een bloedzusje, destijds besneden met hetzelfde aardappelschilmesje, en zoiets is voor altijd.

Oom Zou in de stad had een driehoekje met haar onder zijn onderlip, een brommer en een logeerkamer met muren van cement. Hij vond het goed: Nana mocht blijven. Als ze haar loon aan hem afdroeg, zou hij een deel houden voor eten, een deel naar het dorp sturen en een deel voor haar bewaren.

'Loon?' vroeg Nana.

'Ik hoorde van nóg iemand die een dienstmeisje zoekt, je kunt morgen beginnen. Je vader zal blij zijn.' Hij lachte en knikte om haar gerust te stellen.

Nana en Dicko kropen samen op een matras, in een kamer met andere meisjes uit hun dorp. Een van hen was een zusje van Bayi, met de armen om elkaar heen fluisterden Nana en Dicko dingen die het zusje niet mocht horen, tot ze huilden van het lachen. Ze sliepen voor hun wangen droog waren.

De schoolmeester, thuis in het dorp, was niet blij dat ze wegbleef, want Nana was een goede leerling geweest. Bayi was evenmin blij. En toen was M'baba ook niet blij. Er kwamen boze berichten: dat Nana geen toestemming had, dat de oudsten geen beslissing over haar hadden genomen, dat haar moeder haar niet kon missen.

'Bayi is mijn moeder niet,' zei Nana, en Dicko deed haar shirt omhoog zodat oom Zou de littekens kon zien die Bayi's stok op Nana's rug had achtergelaten, en toen knikte oom Zou. Hij schreef naar het dorp dat het goed ging met Nana en dat ze veel geld verdiende. Daarna zweeg het dorp. Er kwam zelfs geen bericht van de oudsten. M'baba was niet rijk genoeg en Nana niet belangrijk genoeg om veel drukte te maken.

Intussen begon Nana dat een beetje jammer te vinden. Want de mevrouw bij wie Zou haar in dienst had gedaan, was na een paar weken minder aardig geworden. Ze vond Nana traag – waarom kon ze de was niet doen en boodschappen halen en het huis vegen en koken op één dag? Haar vorige dienstmeisje had dat allemaal wel gekund. En dat meisje had ook niet zo idioot veel serviesgoed gebroken, misdadig gewoon, nu was mevrouw na een zware werkdag ook nog genoodzaakt Nana te straffen en manieren te leren – en ze snapte natuurlijk wel dat ze de schade moest inhouden op haar loon. En bovendien, zei mevrouw, sloop Nana door het huis, je hoorde haar niet en je zag haar pas als ze vlak voor je stond. Mevrouw schrok zich iedere keer dood en ze vertrouwde het ook niet.

'Heb je soms een slecht geweten dat je zo steels doet?' vroeg ze. Nana had niets op haar geweten en ze wist ook niet wat mevrouw bedoelde. Ze was dertien, en als meneer naar haar glimlachte, glimlachte ze verlegen terug, zonder er iets bij te denken. Meestal waren haar gedachten bij haar werk, behalve als ze heel even wegzakte. Ze maakte zulke lange dagen dat ze 's ochtends niet goed wakker kon worden. En als ze 's middags haastig de restjes had opgegeten, kon ze soms zomaar tijdens de afwas, in de zon op het achtererf, in slaap vallen.

Toen waren er op een dag sieraden gestolen. Oorbellen en een armband, zei mevrouw. Ze zei het in de kamer, toen meneer zijn kantoorkleren nog aanhad.

'O,' zei meneer. 'Je ziet weer eens spoken.'

'Niks spoken. We gaan meteen naar de politie,' zei mevrouw. Tot haar verbazing moest Nana mee. Mevrouw nam haar bij de arm alsof ze vriendinnen waren en meneer slenterde achter hen aan. Telkens als Nana omkeek, zag hij iets in een kraampje, of een kennis op de weg, en één keer aaide hij een loslopende hond. Dat verontrustte Nana.

'Ik kan je helemaal hier ruiken,' had de vrouw van oom Zou tegen Dicko gezegd. 'Er is iets mis met jou. Je moet naar de dokter.'

'Het is die tijd van de maand,' zei Dicko ongerust. 'Niets aan de hand.'

'Ik ga wel met je mee. Zeg maar tegen je mevrouw dat je morgen wat later komt.'

Nanouba had haar zin gekregen. Dicko had naast haar in de wachtkamer gezeten, met haar dijen stijf tegen elkaar. Het werd er steeds warmer, zodat het zweet op het laatst langs haar slapen droop.

In de spreekkamer stond een hoge, smalle bank, het schuimrubber kwam door het blauwe namaakleer. Dicko moest gaan liggen en haar benen uit elkaar doen. Er lag een lap overheen, maar de dokter keek eronderdoor. Hij gaf haar een prik die pijn deed, op een plek die eigenlijk alleen een echtgenoot zou mogen aanraken. Daarna ging hij snijden, maar dat voelde ze niet. Ze rook het wel. Ze wilde de lap over haar hoofd trekken.

'Pus,' zei de dokter. 'Die vrouwen op het platteland doen ook maar wat, de hele boel is verkleefd. Hoe vaak is dat wel niet ontstoken geweest?'

Dicko draaide haar hoofd weg.

'Eigenlijk zou je geopereerd moeten worden,' zei de dokter. 'Behoorlijk, in een ziekenhuis.'

Nanouba schudde haar hoofd zo hard dat de bank waarop Dicko lag trilde.

'Geen denken aan.'

'Nou ja,' zei de dokter. 'Vraag de assistente maar of ze genoeg verband meegeeft. Goed schoonhouden. Misschien geneest het netjes, als je geluk hebt. Kom bij klachten maar terug.'

De halve dag was voorbij.

'Aan jou heb ik niets,' zei Dicko's mevrouw. 'Ik heb al een ander meisje gevonden. Een kind dat dankbaar is voor deze kans.'

Dicko staarde voor zich uit. Achter op het erf klonk het gekletter van borden die op elkaar werden gezet. Haar hand zocht de muur. Ze had nog niet het begin van een uitzet bij elkaar gespaard; de broertjes thuis hadden zoveel nodig. En Zou en Nanouba hadden tegenslag gehad, ze hadden het gespaarde geld van haar moeten lenen. Dat kreeg ze natuurlijk terug, als het wat beter ging, maar nu was er even niets.

'En mijn salaris van deze maand?'

'Dat houd ik in als vergoeding van de kosten', zei haar mevrouw. Ze zei niet welke kosten ze bedoelde.

'Maar ik heb er recht op!'

Een klap tegen haar linkeroog, linkeroor. Sterretjes, suizen.

'En nog brutaal zijn ook!'

Dicko liep het erf weer af. Ze had niets gegeten en het was nog te heet om het hele eind naar huis te lopen. Ze was duizelig van het bloeden, en toen ze wakker werd lag ze op een achterbank.

Ze hobbelden door diepe kuilen, ze werd er misselijk van.

Een man glimlachte naar haar. Langzaam herkende Dicko de broer van haar mevrouw.

'Ik breng je wel naar huis,' zei hij.

Hij wilde wel een wederdienst. Dicko weigerde, krabde, beet en wrong, maar dat vond hij juist spannend. Alleen toen ze spuugde werd hij kwaad. Sterretjes, en suizen. Daarna lag Dicko stil.

Het bloeden was weer begonnen.

'Het komt doordat we zusjes zijn,' zuchtte Nana 's avonds in haar oor. 'Op dezelfde dag begonnen, op dezelfde dag ontslagen.'

Dicko zuchtte ook. Ze had geen tien woorden meer gesproken sinds de broer haar zonder een woord bij de zijweg had afgezet. Het dikke oog, dat had haar mevrouw veroorzaakt – ze had Nanouba niet kunnen vertellen van de broer. Ze zou het ook niet tegen Nana kunnen vertellen. Niet van de broer. Oom Zou zou hem gaan zoeken en doodmaken als hij het wist. Maar oom Zou was een man, die mocht het niet eens weten.

'Weet je wat?' blies Nana in haar oor. 'Toen we terugkwamen van het bureau, moest ik mijn spullen pakken. Waarom? vroeg het zoontje van de mevrouw aan haar. Omdat ze mijn sieraden heeft gepikt, zei ze. Maar mama, die liggen onder je onderbroeken, daar heb je ze zelf neergelegd! Ik wist niet waar ik kijken moest. Maar ze lachte erom. Ze lachte er gewoon om!'

Dicko zuchtte.

'Madina,' zei Dicko. 'Was Madina er maar bij. Die zou zich niet zo laten behandelen. Die zou...!'

Nana wist wel beter.

Madina was een kwaaie, dat wist niemand beter dan zijzelf. Toen ze elf was, had ze besloten dat ze zou leren hoe je betoveringen maakte, alleen kende ze niemand die het kon. De kinderen maakten elkaar bang met heksenverhalen, maar een heks maakte zich niet bekend. Wie naar haar toe ging, had daar een bedoeling mee die even slecht was als de heksenkunsten zelf.

Daarom leerde Madina maar andere dingen. Van de grootmoeder die de tweede vrouw van het dorpshoofd was, leerde ze weven en stoffen verven, en ze leerde de tekens die je op je *pangi* kon zetten om te laten zien wie je was. Niemand droeg meer zulke lappen, de vrouwen kochten hun rokken gewoon op de markt, maar haar grootmoeder wilde het Madina graag leren en Madina vond het best. Ze kon een beetje Frans lezen en katapulten maken. Ze kon okrasoep maken zoals ze dat in Ivoorkust deden. Ze kon de dieselmotor van de boterboomboonmolen bedienen. Ze hield ervan dingen te kunnen. Op een dag zou ze ook kunnen toveren.

Maar toen Dicko en Nana naar de stad waren vertrokken, zei haar moeder: 'Nou moesten we van jou maar eens een jongedame maken,' en ze nam haar van school om haar te leren koken en wassen.

De schoolmeester deed of zijn geiten waren weggelopen, hij kwam ernaar vragen en bleef onder het afdak dralen om over Madina te praten.

'Zij kan naar het lyceum, Rama.'

Madina's moeder keek stuurs voor zich uit.

'God heeft meer met haar voor, anders had hij haar die hersens niet gegeven.'

Madina's vader kon zich er niet in mengen. Moussa had een baan op de markt en bleef doordeweeks bij zijn zus logeren. Maar moeder Rama was een dochter van het dorpshoofd, die liet zich niks zeggen.

'God weet heel goed dat Madina een meisje is. En ik mag dood neervallen als ik haar niet als een goede vrouw aflever. We hoeven haar niet wijzer te maken dan nodig.'

'Maar Madina kan zoveel meer,' zei de schoolmeester tegen Moussa, toen die er in het weekend was.

'Goed voor haar man zorgen is al moeilijk genoeg. Dat meisje moet haar plaats weten. Ik krijg elke week klachten over haar.'

'Madina verveelt zich,' zei de schoolmeester.

‘Daar weet Rama wel raad mee,’ zei Moussa.

Madina’s schooltijd was in één klap voorbij. Verlangend dacht ze tijdens het melken aan Nana en Dicko. Als ze kans zag ook naar de stad te komen...

Die kans kwam. Hij heette Mamadou en had een vergroeide voet. Hij kwam uit de hoofdstad, had een laptop bij zich en praatte met de oudere mannen en vrouwen uit het dorp over inentingen en handen wassen. Hij hoorde wat ze over Madina zeiden. Hij merkte dat de oude mannen in de hangaar haar volgden met hun blik. Hij bleef expres te lang midden op het pad staan, tot ze hem bijna omverliep met haar geiten.

‘Ik wil haar wel,’ zei hij toen hij zag dat ze haar ogen niet neersloeg. ‘Ik dacht er toch al over om een tweede vrouw te nemen.’

De oudere mannen in de schaduw knikten.

‘Misschien is dat maar het beste. Anders raken we haar nooit kwijt.’

Madina had het gehoord. Ze strekte haar hals en zwiepte een tak over de ruggen van haar geiten. Die gilden boos.

Maar het dorpshoofd ging akkoord. Madina was zijn kleindochter en ze was mooi genoeg om iemands eerste vrouw te zijn, en die vreemdeling had een slechte voet. Maar Mamadou woonde in een eigen huis in de stad, het geld dat hij verdiende kwam uit Europa. En Madina was een kwaaie.

‘Ze heeft geen uitzet,’ zei haar moeder die avond. Een zwak verweer.

‘Daar zorg ik wel voor,’ zei haar vader. Hij was trots dat hij de vrouwen in zijn huis nu eens te slim af was geweest. ‘Leer jij haar die kuren nu maar af.’

Voor het eerst van haar leven werd Madina geslagen. Eens per week, voor een willekeurig vergrijp. Ze begreep dat het bij haar opvoeding hoorde en ze gaf geen kik. Weer iets wat ze kon: slaag verduren zonder een traan te laten.

Mamadou vertrok en liet een tijdschrift liggen. Het was in het Frans, met foto’s. ’s Middags las Madina er stukjes in, maar het ging langzaam en ze werd snel moe.

Als ze maar eenmaal in de stad was. Daar hadden ze televisie en dan kon ze Frans leren.

'En ik word je dienstmeisje,' zei Dicko aan het begin van de regentijd. Ze had een andere mevrouw gehad, maar naar haar ging ze niet meer terug. Ze had wat pannen bij elkaar gespaard, en een paar lakens. Het was een begin. Ze had een mooi stuk stof onder handen, waar ze trossen bloemen op zat te borduren. Een tafelkleed voor haar en Sanogo.

Nana zei niets, ze keek alleen maar. Zij had niets meegenomen uit de stad. Ze had haar geld niet terug durven vragen aan oom Zou.

'En als ik nou liever Nana neem?' zei Madina, glunderend door dat rijke vooruitzicht. 'Of weet je wat: ik neem jullie allebei!'

Nana glimlachte niet. Ze gunde het Madina wel om even op te scheppen, er een paar weken in te geloven. Maar het zou anders gaan.

De vrouwen mengden henna voor op hun handen en de muzikanten oefenden de bruidsdansen. Drie meisjes zouden dit jaar trouwen en Dicko was een van hen. De broer van de schoolmeester wilde niet langer wachten.

'Sanogo wordt dit jaar dertig, en hij heeft opslag gehad,' legde Balkissa uit op de stampplaats.

'Vroeger hadden we tenminste ook nog het feest van de besnijdenis,' mopperde Rama. 'Nu hebben we alleen die kale bruiloft maar. Ik wil dansen!'

'Wees blij,' zei Bayi. Ze leunde even op de stamper. 'Het is zo al werk genoeg.'

Balkissa dempte haar stem: 'Niemand durft meer zo lang te wachten. Ze zeggen dat de regering ertegen is.'

'Het staat toch in het Boek,' zei Bayi. 'God zelf wil het.'

Rama knikte. 'Het komt door die lui uit de stad. Moet je de verloofde van mijn dochter horen! Slecht voor de gezondheid en dit en dat... Volgens Mamadou staat het niet eens in de Koran!'

De andere vrouwen lieten verbaasde geluidjes horen.

'Dat zegt hij echt! En besnijden zou kwaaltjes veroorzaken.'

'Daar word je toch alleen maar sterk van,' zei Balkissa.

'We hebben het allemaal moeten doorstaan. Mij zal niemand horen klagen,' zei Bayi. Ze legde een hand in haar rug en keek rond. 'Nanááá!'

'Geef mij maar een groot besnijdenisfeest,' mopperde Rama.

Stil als een slang kwam Nana aangelopen, ze nam de stamper van haar stiefmoeder over. Zij was nu even lang als het stuk hout en het stampen van de cassave ging makkelijker dan voorheen.

'Alsof ze danst,' zei Rama goedkeurend.

'Ze heeft niet te dansen,' snauwde Bayi. Bruiloften maakten haar altijd nijdig.

'En?' vroeg Madina bij de eerste de beste gelegenheid. Dicko was een paar dagen thuisgebleven na haar bruiloft, maar nu liep ze weer met haar vriendinnen tussen de bomen boterbonen te rapen.

Dicko's gezicht ging op slot.

'O, sorry, hoor,' zei Madina.

Nana pakte Dicko's hand.

'Was het erg?' vroeg ze.

'Dat merk je nog wel,' zei Dicko. 'Jij wil toch zo graag trouwen? Nou, veel plezier.'

'Is het zó erg?' Nana wilde heel graag trouwen en eigen baas zijn, maar nu schrok ze toch. Sanogo leek zo'n aardige man. En die auto en dat strakke uniform, en die blanken die hij soms rondreed, de fooien... Maar Dicko's gezicht zei dat de prijs hoog was.

Nana wist dat Dicko van haar hield. Meer dan als een gewone vriendin. Toen ze klein was, had Dicko gezegd: 'Zullen we later samen blijven?' Nana had gelachen, was blij en gevleid. Nu begreep ze meer. Op hun matras in de stad streelde Dicko haar soms in slaap. Voor Dicko was de prijs hoger.

Ze waren vijftien, alle drie, maar Dicko was nu een vrouw. En dat maakte haar niet gelukkig. Nana had haar in de schemering bloedvlekken uit de nieuwe lakens zien boenen. Maar ze klaagde niet. Natuurlijk niet: Dicko was sterk.

'Hij wordt wild,' fluisterde Dicko. Ze lagen in de logeerkamer bij oom Zou, allebei met een nieuw dienstje. Dicko had per se mee terug gewild. Mijn uitzet is nog niet volledig, had ze aangevoerd. Sanogo had het goedgevonden, voor één jaar.

Nana draaide haar hoofd. Ze probeerde Dicko's uitdrukking te zien.

'Wat?'

'Als een dier. Hij zegt niets meer, rukt mijn kleren van mijn lijf, en dan... snel, als een hond – nee, die doen er langer over. Als een bok. En het kan hem niet schelen hoeveel pijn het doet.'

'Huil je dan?'

Dicko schudde wild haar hoofd.

'Ik laat het niet merken. Hij zou het kunnen zien als hij zijn best deed. Maar hij merkt niets. Niet eens dat hij niet de eerste was.'

'Wat?'

Dicko draaide Nana haar rug toe, ze had al spijt.

'Sst, moet iedereen het weten? De broer van mijn eerste mevrouw. Eén keer maar, het stelde niets voor.' Ze zweeg even. 'Ik kon alleen een dag niet lopen.'

'Is het dan... helemaal niet fijn?'

'Ik was nog liever een kip,' zei Dicko.

Nana lachte, maar dat ging per ongeluk.

'En ik doe het ook niet meer,' zei Dicko. 'Als we terugkomen in het dorp, wil ik scheiden.'

Daar werd Nana stil van. Zij wilde trouwen. Alleen haar eigen was doen, niet meer de vlekken van anderen wegboenen.

'En nog iets,' zei Dicko. 'Je moet een contract vragen aan je meneer. Het dienstmeisje van de buren zei... Er zijn mensen die je kunnen helpen. Dan moeten ze je je salaris wel uitbetalen. En anders gaan die mensen met je naar de rechter. Ze helpen je.'

'Waarom zouden ze dat doen?'

Dicko haalde haar schouders op.
'Misschien zijn ze gewoon aardig.'
'Dat geloof ik niet,' zei Nana.
'Maar het is wel zo,' zei Dicko. 'Ze krijgen geld uit Europa.'
'Waarom?' vroeg Nana weer.
'Weet ik niet,' zei Dicko.
'Zie je wel,' zei Nana. Gewoon aardig bestond niet.

Toen de regentijd weer aanbrak, kon Nana niet mee terug. De oudste zoon in het huis waar ze werkte had gemerkt dat ze geen nee durfde te zeggen. Ze kon zien dat het hem opwond. Zijn moeder zat hem achter de vodden, zijn vader hield hem kort. Maar over Nana was hij de baas. Zo'n drie keer per week, als hij uit school kwam en zijn ouders nog op hun werk waren. Nu had hij zich in haar buik genesteld. Ze kon zich thuis niet meer vertonen. Ze liep nog steeds trouw om vijf uur naar haar werk en praatte nergens over.

'De regentijd is begonnen,' zei mevrouw verwonderd. 'Moet jij niet naar je dorp?' Ze liet haar blik zakken. Nana bukte snel over de emmer sop. Ze droeg een wijd jak.

'Mijn hemel,' zei mevrouw. 'Is dat het. Hoe heet je vriendje?'

Nana schudde haar hoofd.

'Je zult met hem moeten trouwen. Hier kun je niet blijven. Niet met die buik.'

Nana dweilde. Ik kan werken, wilde ze zeggen. Laat me hier blijven met het kind. Ik zal een goede schoondochter zijn. Ik zal nog harder werken. Ik zal zonen krijgen. Ik zal goed voor hem zijn, alles doen wat hij wil.

Ze zweeg en dweilde.

'Ik zal het goed met je maken,' zei mevrouw. 'Je kunt blijven tot het eind van de maand.'

En dan?

'Laat me je helpen,' zei ze die middag tegen Nanouba. Haar tante verkocht sieraden op straat. Elke dag kwam de politie om haar weg te jagen. Elke dag betaalde ze om te mogen blijven zitten. Maar ze hield toch nog wat geld over.

'Ik kan de hele dag kralen rijgen, dan kun jij ze de hele dag verkopen.'

Nanouba was bezig Dicko's spullen op te vouwen. Dicko had dit seizoen kunnen sparen voor het huwelijk dat ze niet meer wilde.

'Wat is er dan?' vroeg Nanouba. Haar blik ging naar Nana's buik. Opeens werd ze razend. Ze spuugde van woede.

'Hoer! Wil je ons te schande maken? Wie is het?'

Nana was te moe om nog langer te zwijgen. Die avond ging oom Zou op zijn brommer naar haar meneer en mevrouw om verhaal te halen. Hij kwam niet terug. Nanouba en Nana sliepen niet. Dicko zat met Nana's handen in de hare, maar zij had haar eigen zorgen: scheiden zou haar vader niet toestaan.

's Ochtends hoorden ze van een kennis dat Zou was gearresteerd. Pas twee dagen later kwam hij opdagen. Hij sloot zich op in zijn kamer en wilde niet praten.

'Hier kun je niet blijven,' zei Nanouba wraakgierig. 'Dit was een net huis voordat jij kwam. Kijk wat je met mijn man hebt gedaan.'

'Ik had je toch gewaarschuwd, zuster,' zei het zusje van Bayi. 'Nana heeft nooit gedeugd. Rot als apenbrood, als baby al. Als je alleen al ziet hoe ze rondsluipt.'

'Het spijt me, tantetje.'

Nanouba smeet Nana's kleren in een mand.

'Je hoeft je hier niet meer te vertonen.'

Oom Zou kreeg ze niet meer te zien. Nana bracht Dicko naar de bus. Ze omklemden elkaar ten afscheid.

'Na de regentijd kom ik je helpen met de baby. We zoeken samen een huisje, we redden het wel.'

Nana zweeg. Ze gunde Dicko haar dromen, maar het zou anders gaan.

Dicko drukte een smoezelig papiertje in haar handen.

'Ga naar dat bureau. Die mensen die helpen, weet je nog?'

Toen moest ze snel instappen. Nana zwaaide, ook al zag ze niet waar Dicko zat.

Ze keek naar het papiertje. Een adres, dacht ze. Ze keek ernaar en besefte dat ze het lezen was verleerd.

Nou ja, ze geloofde toch niet in aardigheid.

Nana sliep elke nacht onder een ander afdak, soms in een portiek, en soms, als ze werd weggejaagd, op wel drie verschillende plekken in een nacht. Toen ze weeën kreeg, bracht iemand haar naar een ziekenhuis.

'Adres?' vroeg een verpleegster met een bril.

Ze gaf het adres op van de laatste mevrouw.

'En de naam van de vader?'

Ze gaf de naam van de zoon.

En toen na uren pijn en maar drie keer schreeuwen haar zoontje geboren werd, gaf ze hem voor de zekerheid dezelfde naam: Patrice. Hij kreeg een bandje om zijn pols waar het op stond. Even was ze daar trots om. Maar na een korte nacht gaf ze hem een laatste kus op het kuiltje op zijn bolletje, tussen de dichte krulletjes. Hij rook zo lekker dat ze moeite had hem op de stoep te leggen.

'Dag Patrice.'

Ze belde aan en liep weg. In het schemerlicht kon ze na een paar passen zijn gezichtje al niet goed meer zien.

Ze verwachtte niet echt dat mevrouw zelf voor hem zou willen zorgen. Maar dat kon ze wel de rest van haar leven blijven hopen.

Dicko kroop de eerste nacht in het dorp bij haar zusjes. De volgende dag ging ze naar het kleine huis waar ze met Sanogo hoorde te wonen. De kamer waar haar spullen lagen, zat op slot.

Ze ging naar haar schoonvader.

'Geef me de sleutel.'

'Brutale meid! Je man komt vanavond, die zal je wel manieren leren.'

Het was feest in het dorp omdat de meisjes weer terug waren. Madina ging dansen, maar Dicko lag alleen binnen in het huis en miste Nana. Ze zouden samen voor het kind zorgen. Alles zou goed komen. Als ze haar spullen maar had.

'Sanogo is er!' riep een zusje naar binnen.

Dicko liep hem niet tegemoet. Hij zou vanzelf wel komen.

En hij kwam inderdaad.

'Mijn vrouw! Wat doe je hier?'

Dicko ging zitten.

'Je vader wou de sleutel van mijn kamer niet geven.'

'Onze kamer.'

Dicko kwam overeind.

'Jouw kamer. Ik kwam mijn spullen halen.'

Sanogo gaf haar een klap. Dicko viel weer op het matras. Ze krabbelde op.

'Met jou hoef ik niet getrouwd te blijven!'

Het zusje was haar vader gaan halen.

'Wat doe je?' vroeg hij aan Dicko.

'Sanogo slaat me. Ik wil scheiden.'

Haar vader deed een stap naar voren en gaf haar ook een klap.

'Slechte meid.' Hij duwde haar naar Sanogo toe.

'Neem haar mee en sla haar nog harder.'

Hij verliet het huis.

Sanogo nam haar mee, maakte de afgesloten kamer open, sloeg harder, en sjorde daarna haar rok omhoog.

Madina had genoeg van het dorp. Genoeg van het wachten tot Mamadou haar zou komen halen. Moussa had hem een boodschap gestuurd, Mamadou had gereageerd met: geduld. Maar Madina had geen reden om geduld te oefenen. Ze wist alles wat een goede echtgenote moest weten. Het dorp had haar niets meer te leren. Ze ging.

Zonder haar ouders erin te kennen, pakte ze een tas. Alleen Dicko mocht het weten, want Dicko wist waar oom Zou woonde.

'Weet je wel wat je doet?' vroeg Dicko. 'Je wordt zijn tweede vrouw. Je kon net zo goed als dienstmeisje gaan werken.'

‘We zullen zien.’ Madina glom van zelfvertrouwen, en van het vet. Ze had zijn blik gezien. Mamadou wilde haar temmen. Nou, dat zou hem nooit helemaal lukken. Zij zou hem blijven uitdagen. Ze zou zijn eerste vrouw verdringen in zijn dromen.

Een dag eerder dan de andere meisjes liep ze naar de rode weg. Een man met kippen nam haar mee naar de grote asfaltweg. De bus vertrok een halfuur te laat, en Madina werd al zenuwachtig – de arm van het dorpshoofd reikte ver en haar vader was hier. Ze dook diep weg achter een vuil raam. Toen trok de bus eindelijk op. Het was gelukt. Ze was ontsnapt! Aan de verveling, aan de onbeduidendheid. Nu begon haar echte leven.

Maar de hoofdstad was veel groter dan ze had gedacht. Ze had onthouden waar Mamadou woonde, maar niemand scheen het adres te kennen. Mannen boden haar hulp aan, maar ze wist waarom en weigerde. Een groentevrouw op de markt kreeg medelijden met haar en zei dat ze aan het eind van de dag met haar mee kon lopen; zij kwam langs de goede buurt.

Onderweg kreeg Madina hoop. Ze had erge honger, maar de huizen hier waren goed. Ze waren nieuw en van steen, met hekken ervoor. Mamadou werkte voor de regering. Ze zou het goed hebben bij hem. Er zou een televisie zijn in huis, en misschien zelfs stromend water. Ze zou geen water meer hoeven dragen elke ochtend.

‘Hier is het ergens,’ zei de groentevrouw. ‘Ik moet door naar de buitenwijken.’

Madina moest het nog drie keer vragen, maar toen stond ze voor het goede huis. Het portiek had stralend witte tegels, het leek net marmer. Ze duwde tegen de deur. Tevergeefs. Ze klopte aan. Pas na een tijdje zag ze de bel. Ze drukte erop en er klonk een gong. Ja hoor, elektriciteit!

Een dienstmeisje deed open.

‘Wat wil je?’

‘Ik ben Madina,’ zei Madina.

‘Ja, en?’

‘Mamadou gaat met mij trouwen.’

'Meneer? Met jou?' Het meisje begon te lachen. Ze was knap, zag Madina. Ze strekte haar hals, duwde het kind opzij en stapte naar binnen. De hal had dezelfde tegels.

Een vrouw kwam een kamer uit. Ze droeg een nachtjapon. Mamadous vrouwen hoefden niet te werken.

'Wat kom jij hier doen?'

'Ik ben Madina,' zei Madina.

'Maar wat kom je hier doen?'

'Mamadou neemt mij als tweede vrouw.'

De eerste vrouw begon te lachen.

'Ga toch weg,' zei ze. En toen boos: 'Ga weg!'

Maar Madina wilde niet weg. De vrouw pakte een telefoon van een tafeltje.

'Man van me,' zei ze, 'er is hier een meisje dat zegt dat jij met haar wilt trouwen. Ja, dat zei ik ook al. Madina. Nee, dat zei ik ook al.' Ze verbrak de verbinding.

'Ga nu weg,' zei ze.

Madina stapte naar buiten. Even was ze verdoofd. Toen dacht ze: oom Zou. Thuis zou ze zich nooit meer vertonen. Maar bij oom Zou kon ze terecht. Zeker nu Nana en Dicko daar niet meer waren.

Dicko lag op haar rug in Sanago's kamer, die ook de hare was. Stroompjes tranen liepen langs haar slapen. Ze probeerde ze precies gelijk te laten lopen, links en rechts. Ze snufte niet.

'Lijden hoort erbij, meisje,' had haar moeder gezegd. 'Maak er het beste van.'

Ze had er het beste van gemaakt. Ze had Sanogo verdragen en dankbaar gelachen toen hij merkte dat ze pijn had.

'Stil maar,' zei hij nu. 'Je kunt me toch bevredigen. Je hebt toch een mond.'

Dat deed tenminste geen pijn.

'Sanogo?'

'Ga slapen, *ma belle*.'

Robert Vuijsje – Brazilië

Karina, Angilica en Maria Paula

Behalve de man die het als zijn levenswerk zag dat hij meer dan dertig kinderen had verwekt, bij meer dan vijfentwintig moeders en verspreid over heel Brazilië, heb ik nooit een wonderlijker kerel gekend.

Het wonderlijke lag erin dat de man, zijn identiteit zal ik niet onthullen, zo tevreden was over dit wapenfeit. Later ontdekte ik dat het in sommige kringen helemaal niet zo wonderlijk is om daar trots op te zijn. Het is een teken van kracht en mannelijkheid.

In sommige kringen geldt ook: wanneer het over Brazilië gaat, denk je aan meisjes. De man die vertelde dat hij meer dan dertig kinderen had, was zelf een Braziliaan. Zijn land was hij nooit uit geweest, hij kende niets anders.

Ook buiten de landsgrenzen genieten Braziliaanse meisjes grote faam. De achtergronden van die faam zijn niet het onderwerp van dit verhaal. Het gaat over andere kwaliteiten van Braziliaanse meisjes.

Eerst de vraag: heb ik ervaring met Braziliaanse meisjes?

Het antwoord luidt: ja. Meer dan tien jaar heb ik verkeerd met een Braziliaans meisje. Beter gezegd: een Braziliaanse vrouw. Toen we elkaar kort voor de millenniumwisseling in Amsterdam ontmoetten, duurde het niet meer dan een paar jaar voordat we allebei dertig zouden worden. We waren klaar voor serieuze verkering.

Zij sprak een paar woorden Engels, ik een paar woorden Portugees. Ik leerde haar Nederlands, zij leerde mij Portugees. In de jaren die volgden, bracht ik veel tijd door in Brazilië. Het laatste bezoek was in december 2005, tijdens de huwelijksreis die, onder meer, voerde langs Recife.

Inmiddels zijn we gescheiden. Na de huwelijksreis was er geen noodzaak meer geweest om Brazilië te bezoeken. Helaas. Tot zich in de zomer van 2010 de mogelijkheid voordeed om een reis naar Brazilië te maken.

De eerste reactie op deze kans viel misschien het beste te omschrijven als: een Caroline Tensen-achtig gevoel. Het is een gevoel dat te maken heeft met het volgende beeld: een blanke Nederlander die, vergezeld van een entourage en een cameraploeg, tussen een groep arme zwarte kinderen gaat staan om te vertellen hoe erg het allemaal is.

Bij deze reis zou geen sprake zijn van entourages en cameraploegen. Alleen van, ouderwets bijna, een geschreven verhaal over de levens van jonge vrouwen. In Recife.

* * *

Het verhaal begint in Pontos de Carvalhos, een wijk in het stadje Cabo de Santo Agostinho. Vanuit sommige delen van Cabo de Santo Agostinho is het mogelijk om in de verte Recife te zien. Het ligt op minder dan een uur rijden. De hoge flats in het centrum van Recife vormen een soort doel om naartoe te werken. Ooit, als je goed je best doet, kun je daar terechtkomen: in de moderne grote stad waar het gebeurt.

Pontos de Carvalhos wordt in de volksmond Pontezinha genoemd. Het huis waar Karina vroeger woonde, ligt aan Santa Rosa, de centrale straat. In dat huis woonde ze met haar grootmoeder, haar vader en moeder, twee broers, een zus en drie neefjes. Alleen haar moeder werkte. Als schoonmaakster. Karina is achttien.

Het blijft ingewikkeld om te beschrijven hoe, door Nederlandse ogen bekeken, zo'n huis eruitziet. Het is zelfgebouwd, van baksteenen. De kamers worden niet gescheiden door deuren maar door gordijntjes. In het dak zitten gaten, wat tijdens de regentijd een probleem is. Terwijl de muren van baksteen zijn, ligt op de vloer beton.

Op de grond liggen matrassen. De matrassen, de lakens die daarop liggen en alle andere huisraad – laten we het zo zeggen: ze zijn niet nieuw. Het huis telt drie slaapkamers. De kamer die Karina vroeger deelde met twee broers en een zus is niet groter dan twee bij drie meter.

Door de centrale straat rijden niet veel auto's. Overal hangt was te drogen. Het ruikt er naar vuilnis. Santa Rosa grenst aan een berg die is ingepakt met plastic. De berg is 50 meter hoog en begroeid met bomen en gras. Ook liggen er veel stenen. De bedoeling is dat het plastic ervoor zorgt dat de berg niet omvalt als het regent.

Langs de weg van Pontezinha naar Recife staan veel motels. Motels zijn hotels waar de kamers per uur worden verhuurd. De kamers worden gebruikt om de liefde te bedrijven. Meestal niet door mensen die getrouwd zijn. Tenminste niet met elkaar.

De mooiste straat van Recife heet Avenida Boa Viagem. Het is een boulevard van 7 kilometer die langs het strand loopt. 's Avonds brengen mensen die geen huis hebben de nacht door op bankjes aan de boulevard. Of in het zand.

In andere landen zijn de werelden van de allerrijksten en de allerarmsten meestal gescheiden. Wanneer ze zich in dezelfde stad bevinden, is dat kilometers van elkaar verwijderd. Hun wegen zullen elkaar zelden kruisen. Zo is het niet in Recife.

Het hek van het appartementengebouw dat Cote d'Azur heet, gaat open nadat de bewaker op een knop heeft gedrukt. De bewakers zitten hier 24 uur per dag. Aan de Avenida Boa Viagem liggen de duurste hotels, restaurants, kantoren en appartementengebouwen.

In de hal staan drie leren banken. De bewaker belt naar boven voordat hij bezoekers de lift laat betreden. In Cote d'Azur beslaat ieder appartement een hele verdieping. De lift stopt op de vijfde etage in een klein halletje, bij de enige voordeur van de verdieping.

Maria Paula is alleen thuis. Tenminste, alleen met de vrouw die ze in Brazilië *domestica* noemen. In België noemen ze het geloof ik poetsvrouw. De domestica woont sinds vijftien jaar bij de familie van Maria Paula in huis, ze kwam kort nadat Maria Paula werd geboren. De domestica heeft een eigen kamer in het appartement. Ze brengt glazen gekoeld water voor het bezoek en verdwijnt.

In het appartement waar Maria Paula en haar moeder wonen, speelt marmer een grote rol. Het ligt op de grond, er zijn meubelstukken van marmer en ook enkele beeldhouwwerken. Maria Paula heeft twee oudere broers. Ze zijn allebei het huis uit. De broers studeren medicijnen en economie.

Als ze klaar is met de middelbare school wil Maria Paula communicatie studeren. Ze wil als journalist bij de televisie werken of iets met marketing doen. Vorig jaar studeerde ze een maand in Cambridge. Maria Paula woonde bij een Engels gezin in huis. Brazilianen zijn open en willen een praatje maken. Ze moest wennen aan hoe de Europeanen zich gedroegen.

* * *

De weg van Recife naar Olinda is niet lang. Olinda is een badplaats die tegen Recife aan ligt. De attracties bestaan uit een authentiek dorpsplein en het beste carnaval van de wereld – zoals ze dat in iedere stad van Brazilië zeggen.

De toeristen die Olinda bezoeken zijn van het type dat niet wil doen wat iedereen doet. Ze trekken door het land en bezoeken de geheime schatten die in de *Lonely Planet* worden aangeraden.

Onderweg van Recife naar Olinda passeer je veel water. De

oceaan, rivieren, beekjes en meren. Op een van die meren, langs de snelweg tussen Recife en Olinda, is de Favela dos Coelho gebouwd. Het is een systeem dat op het water van Recife op meer plekken wordt gebruikt. De favela bestaat uit zelfgebouwde houten hutjes die op palen in het water staan. Wanneer mensen hun hutjes niet op land bouwen maar op water kan de overheid ze niet tegenhouden.

Op het authentieke plein midden in Olinda werkt Angilica in een *lanchonete.* In Nederland zouden ze het een lunchroom noemen. In de meeste lanchonetes kunnen klanten zelf hun eten opscheppen en wordt de prijs bepaald nadat is gewogen hoeveel voedsel op het bord ligt. Het is simpel eten, zoals je het thuis ook zou maken.

In Olinda komen veel gringo's, vertelt Angilica. Zelf woont ze in het volgende stadje, Rio Dolce. Voor ze naar Rio Dolce kwam, woonde ze nog bij haar moeder, in Ibura, maar daar is iets gebeurd. Angilica wil niet vertellen wat, misschien doet ze het als ze straks meer op haar gemak is. Voor Ibura woonden ze in Recife, en daarvoor in Sao Paulo. Dat was waar Angilica opgroeide.

Ze is negentien. Toen haar dochter Ana Beatriz werd geboren, was Angilica zeventien. Ze vond het triest dat ze een kind kreeg, omdat ze geen werk had. Het was ook choquerend, ze was te jong. De vader was eenentwintig. Aan abortus wordt in Brazilië niet gedaan. Angilica's moeder zei: 'Het is te vroeg, nu moet je alles alleen doen.' Met de vader van haar kind is ze niet meer samen.

Angilica's ouders scheidden toen ze elf was. De laatste keer dat ze haar vader zag, was in 2007. Hij was dronken en agressief en vroeg om geld voor drank. Voor zover Angilica weet, leeft hij nog. Op straat in Recife.

In de lanchonete werkt ze zes dagen per week, van halfacht tot vijf uur 's middags. Nadat ze Ana Beatriz van de crèche heeft gehaald, zijn ze om halfnegen thuis. Alleen op zondag zijn ze de hele dag samen. Angilica zegt dat ze Ana Beatriz vaak mist, maar ze moet werken om haar dochter een goed leven te kunnen bieden.

Van de lanchonete heeft Angilica twee keer salaris ontvangen. Het is haar eerste echte baan. Hiervoor werkte ze alleen als oppas, voor ongeveer 8 euro per dag. Ze had nog nooit zoveel geld bij elkaar gezien. Eerst kreeg ze haar salaris en een maand later kwam weer zo'n groot bedrag binnen. Het was genoeg om haar huisje in te richten. De jongen met wie ze samenwoont, werkt als bakker. Zij verdient meer dan hij. Vorige week hebben ze een tweedehandsfornuis gekocht.

De inwoners van Brazilië zijn grofweg in te delen in vier klassen. Het begint bij de *popular*-klasse, waaronder het meest volkse deel van de bevolking valt. Daarboven komt de *media*-klasse, de mensen die het daar het allerbeste hebben worden *media alto* genoemd. In Amerika zouden ze zeggen: *upper middle class*. De hoogste klasse heet *alto*. Die wordt gevormd door de kleine minderheid die het grootste deel van het geld in Brazilië bezit.

Na de middelbare school kunnen scholieren een examen doen dat *vestibulario* heet. Alleen studenten die voor dat examen slagen mogen naar de universiteit. Het verschil in kwaliteit tussen de openbare en de privéscholen is zo groot dat het beneden de media alto-klasse bijna niemand lukt om het examen te halen.

***

In Pontezinha hebben de huizen geen deurbel. Bezoekers roepen vanaf de straat de naam van de bewoners. Het nieuwe huis van Karina ligt achter Santa Rosa. Ze woont hier met haar zus, haar broers en haar moeder, die een nieuwe vriend heeft. Haar vader werd agressief als hij gedronken had.

Karina maakt haar huiswerk buiten, op de veranda. Ze zit in het eerste jaar van haar studie. Het is geen universitaire studie, maar een soort religieuze opleiding. Binnen is het te warm om te studeren. Het probleem is dat de buren vaak feestvieren. Dat zorgt voor te veel lawaai om buiten huiswerk te kunnen maken.

Vroeger wilde Karina journalist of psycholoog worden. Als journalist had ze de mensen graag verteld hoe kinderen als zij zouden moeten opgroeien. Als psycholoog had ze graag mensen geholpen die het moeilijk hebben.

Karina is een feministe, zegt ze. Ze vindt het oneerlijk dat haar vader niet hoefde te werken en alleen maar dronken was. En toch had hij recht op het geld dat haar moeder verdiende. Hij mocht het zomaar van haar pakken, om uit te gaan. Alleen omdat hij een man was. Haar moeder bleef afhankelijk van hem, van de kerk mocht ze niets. Een man is thuis de baas.

Vorig jaar, toen ze zeventien was, werkte Karina als oppas bij mensen thuis. Ze deed het een jaar en drie maanden. Ze was er dag en nacht, moest koken en schoonmaken en verdiende 150 real per maand. Dat is ongeveer 75 euro. Volgens Karina werd ze als een slaaf behandeld. Toen het stel voor wie ze werkte twee weken op vakantie ging en de kinderen bij haar wilde achterlaten, nam ze ontslag. Ze kwam terug naar Pontezinha.

Karina wijst naar een boom, buiten op straat. Haar hele leven heeft zich hier afgespeeld, onder deze *goiaba*-boom. Een goiaba is een vrucht, in Nederland noemen ze het guave. Karina is nog nooit buiten Pernambuco geweest, de provincie waarvan Recife de hoofdstad is.

Het winkelcentrum achter de Avenida Boa Viagem heet Shopping Recife. Het is een van de grootste winkelcentra in Zuid-Amerika. In Shopping Recife zijn deftige restaurants met witte katoenen servetten, er zijn hippe koffiebars en juweliers en zonnebrillenwinkels. Het ene restaurant serveert sushi, in het andere bereiden ze zes verschillende soorten garnalen. De zonnebrillen zijn van Gucci en Versace.

Wie in Shopping Recife rondloopt, kan niet anders dan concluderen dat het gebouwd is in een van de meest welvarende delen van de wereld. Als ze niet op hun BlackBerry's kijken, rijden de bewakers rond op gemotoriseerde karretjes, de oppervlakte van het winkelcentrum is te groot om te belopen.

En dan. Aan de ene kant van Shopping Recife ligt een parkeerterrein. Porsche, BMW en Mercedes zijn populaire automerken onder de bezoekers. Aan de andere kant, direct naast het winkelcentrum, is een muur gebouwd. Aan de achterzijde van die muur, op niet meer dan een paar meter afstand ervan, begint Entra Apulso.

Entra Apulso is de naam van een favela.

* * *

Maria Paula loopt naar buiten om het balkon te laten zien. Mensen die op bezoek komen, ervaren het balkon als het hoogtepunt van de rondleiding door het huis. Het is een groot balkon, over de hele lengte van het appartement, en biedt een onvergetelijk uitzicht over de Avenida Boa Viagem en het strand.

Maria Paula gaat nooit naar het strand dat onder het balkon ligt. Met haar moeder reist ze wel eens naar hun strandhuis in Serrambi, op een paar uur rijden van Recife. Daar bezoekt ze soms het strand, maar ze ligt liever bij het zwembad dat bij hun strandhuis hoort.

Ze vindt dat het strand bezoeken meer iets is voor de vakantie, niet om thuis te doen. Het strand van Recife is zo gewoon. En er komen mensen uit de hele stad. De meesten zijn nogal volks. Met haar vader gaat Maria Paula ieder jaar naar Bariloche in Argentinië.

De ouders van Maria Paula zijn gescheiden. Haar vader is de eigenaar van Nordeste, een grote verzekeringsmaatschappij. Hij heeft een nieuwe, jongere vrouw. Haar moeder verdient geld met het organiseren van evenementen. Ze heeft nog geen nieuwe relatie. Volgens Maria Paula houden Braziliaanse mannen meer van jonge vrouwen. Als een Braziliaanse man rijk is, hoeft zijn vrouw geen geld te hebben, als ze maar jong is. Dat maakt het niet makkelijk voor haar moeder.

Voor zijn werk reist haar vader veel naar Sao Paulo, het economische centrum van Brazilië. Maria Paula vliegt vaak met hem mee. Het liefst in een weekend dat er een evenement is. Een paar weken geleden ging ze op één dag heen en weer voor een concert van Madonna.

Over twee jaar wil ze in Sao Paulo studeren, net als haar broers. Ze weet nog niet zeker of ze na haar studie naar het buitenland wil, maar als ze in Brazilië blijft, wordt het Sao Paulo.

Eerst moet ze de middelbare school afmaken. Haar school ligt een paar blokken verderop. Maria Paula zou er in een kwartier heen kunnen lopen, maar dat is te gevaarlijk. Ze wordt gehaald en gebracht door een taxi.

* * *

Voordat ze zwanger werd, had Angilica dromen. Ze wilde studeren en terug naar Sao Paulo, waar ze woonde als kind. En ze wilde een keer naar China. Hoe het komt weet ze niet, maar Angilica is altijd nieuwsgierig geweest naar China. Al die mensen lijken zo op elkaar, ze heeft nooit begrepen hoe dat kan.

Angilica heeft nog een droom: een eigen lanchonete. Daar wil ze zelf eten gaan koken. Angilica's inschatting is dat ze 10 000 real nodig heeft om een lanchonete te beginnen. Dat is ongeveer 5000 euro. Ze hoopt dat ze het in tien jaar bij elkaar heeft gespaard.

Op het menu zullen lokale specialiteiten staan, die ze nog moet leren koken. In de lanchonete heeft ze geleerd hoe ze met geld moet omgaan, en met klanten. Angilica heeft het gevoel dat ze de laatste twee maanden volwassener is geworden.

Ze is de oudste van vier kinderen. Angilica had ook een oudere broer, Anderson Luis. Ibura was niet echt een favela, je zou het een volksbuurt kunnen noemen. Haar broer had de verkeerde vrienden, hij wist te veel van de slechte dingen die zij deden. Toen Anderson Luis een vriendin kreeg en uit het leven van de straat wilde stappen, accepteerden zijn vrienden dat niet. Op een nacht lag hij te slapen met zijn vriendin en haar dochter. Hij werd door het raam doodgeschoten. Anderson Luis was zeventien, Angilica was vijftien. Ze zegt: 'Ik denk dat God vond dat het zijn tijd was.'

* * *

Of ze nu Angilica heten of Karina, het zijn jonge vrouwen die, in mijn ogen, geen gemakkelijke levens hebben. Mensen met comfortabelere levens zouden bij een tegenslag misschien sneller uit het veld worden geslagen.

Wanneer je broer wordt doodgeschoten of je vader een alcoholist is met wie je nooit contact hebt – in andere delen van de wereld zou het kunnen leiden tot psychiaterbezoek of op zijn minst een zogeheten trauma. Het is niet zo dat Angilica zonder emotie praat, het is alleen een ander soort emotie dan die in West-Europa meestal wordt geuit.

De manier waarop Angilica vertelt over de moord op haar broer zou je berustend kunnen noemen, of gelaten. Je zou het ook krachtig kunnen noemen, of levenslustig of optimistisch. Of inspirerend of mooi.

Dat is tenminste hoe een buitenstaander het zou kunnen bekijken. Voor Angilica is er niets bijzonders aan. Ze heeft geen andere keuze.

Yvonne Kroonenberg – Ecuador

Een bed van gras

Ik heb het koud. Daar had ik niet op gerekend. Ecuador ligt op de equator, de naam van het land zegt het al. Ik had tropische warmte verwacht, maar het is koud in Quito. Tot de wolken wegdrijven en de zon de kans krijgt. Maar dan nog lijkt het meer op een Hollandse zomer dan op het weer dat je aan de evenaar verwacht.

'Blijft dat zo?' vraag ik aan Jette van Exter. Zij is de fotograaf op deze reis en ze is al meer dan een maand in Ecuador.

'In Ecuador is er geen weerbericht,' zegt ze, 'ik heb geen idee.'

Ik kijk haar beduusd aan. Geen weerbericht?

'Het weer verandert voortdurend,' legt ze uit, 'het ene ogenblik schijnt de zon en binnen een minuut kan de lucht betrekken en valt de regen met bakken uit de lucht. Het heeft geen enkele zin om voorspellingen te doen, dus hebben ze hier geen weerbericht.'

Ik schud teleurgesteld mijn hoofd.

Het eerste wat ik iedere dag doe, waar ik ook ben, is naar buiten kijken of de zon schijnt. Als dat het geval is, ga ik een vrolijke dag tegemoet. Als het regent, ben ik bedroefd. Ik werp een blik op de lucht. Er zijn dikke witte wolken, dreigende grijze, de zon schijnt en het is achttien graden.

'Quito ligt hoog,' zegt Jette, 'op 2850 meter. Ben je niet duizelig?'

Maar dat valt erg mee.

We zitten op het terras van Quito's Enige Koffieshop die een

Inheemse Coöperatie als Eigenaar en Manager heeft, zoals een groot bord bij de ingang trots verklaart. Bovendien is die manager een vrouw. En de vriend van die vrouw is een Nederlander uit Wageningen.

Hij is blond met blauwe ogen, en toen wij in ons mooiste Spaans een bestelling plaatsten, schoot hij in de lach.

'Nederlanders,' stelde hij vast.

Hij woont een paar maanden in Quito omdat hij een scriptie aan het schrijven is over biologische landbouw. Hij doet een onderzoek naar de cacaoteelt in Tena. Ecuador exporteert cacao naar de Verenigde Staten, maar het blijkt voordeliger voor het land om de grondstoffen zelf te verwerken tot chocolade. Het is een project dat is opgezet door een Amerikaanse vrouw, die samenwerkt met de fabriek in Tena. Vrouwen worden steeds belangrijker in het ontwikkelingswerk, niet alleen aan de ontvangende zijde, maar ook als initiatiefnemer.

De vrouw met wie onze Wageningse ober samenleeft doet mee aan het project.

We hadden dit terras uitgezocht omdat de zon erop scheen, niet om een politieke keuze te maken. Maar nu we er zitten zijn we heel tevreden dat we niet bij de buren zijn neergestreken. Hier krijg je niet alleen heerlijk eten, maar ook nog een goed gesprek.

Aan het tafeltje naast dat van ons schuift een keurig meneertje aan. Zijn haar is gladgekamd, hij draagt een duur pak en eet nadrukkelijk met zijn mond dicht.

Ik moet ineens aan China denken, waar iedereen onbekommerd smakt, boert en rochelt aan tafel.

'Zijn er eigenlijk speciale gedragsregels in Ecuador?' vraag ik aan Jette. Ze kijkt me niet-begrijpend aan.

'In Thailand mag je als vrouw niet hoger zitten dan een man, je mag niemands hoofd aanraken, ook dat van kinderen niet,' som ik op, 'in Tanzania mag je niks met je linkerhand aangeven. In Nederland mag je niet naar mensen wijzen.'

'Ik geloof niet dat ze hier heel streng zijn,' zegt Jette, 'maar je hoort met je rechterhand te eten. En je mag geen voorwerpen aanreiken. Je moet ze eerst neerzetten en dan pakt de ander ze.'

De meneer naast ons heeft zijn bord guacamole met cassavechips leeg. Hij keert zich nieuwsgierig in onze richting en vraagt waar Jette en ik vandaan komen.

Nederland kent hij wel. Hij is bedrijfsleider van een reisorganisatie die excursies maakt in de vrije natuur van Peru en Ecuador. Veel van zijn klanten zijn Nederlanders.

'Je ziet ons overal in de hele wereld,' zeg ik, 'we zijn met bijna zeventien miljoen in een heel klein landje. Het is een soort emmer die overloopt. Daarom gaan we veel op reis en dan hopen we maar dat we niet honderden landgenoten tegenkomen.'

Ecuador heeft een oppervlakte van ongeveer 283 000 vierkante kilometer en hoeveel mensen er wonen is niet precies bekend. Het zou ergens tussen de dertien en de veertien miljoen zijn. De inheemse indiaanse bevolking staat niet volledig geregistreerd en de volkstellingen zijn tamelijk slordig. Er wordt nogal eens geïmproviseerd in Ecuador.

We hebben het over de toestand in het land.

'In sommige opzichten gaat het heel goed,' zegt hij, 'er is olie gevonden. Dat kan een bron van welvaart worden. En het onderwijs is gratis en voor de inheemse bevolking is de medische zorg ook kosteloos. Er is sinds twee jaar een nieuwe grondwet en de huidige president doet vrij veel voor de armen. Maar er is nog steeds corruptie. De wet is er voor de mensen die geen geld hebben.'

Ik vraag zijn mening over president Rafael Correa. Jette en ik hebben hem zojuist gezien, op het bordes van zijn paleis.

Net toen wij aan kwamen lopen was de wisseling van de wacht. Ik zag plotseling een mannetje op het dak die de vlag streek. Even dacht ik dat er een coup gaande was.

Ik ben eens één dag in Chili geweest, in de hoofdstad. Het was op een zaterdag in 1988. De fotograaf met wie ik toen reisde en ik liepen door de winkelstraat toen plotseling alle rolluiken naar beneden gingen met daverend lawaai. Even later gierden de politieauto's door de straten en vluchtten de mensen de gebouwen in. Terwijl wij ons hijgend in een bankgebouw verscholen, vroegen we wat er godsnaam aan de hand was. Het bleek iedere week zo te gaan. 'Machtsvertoon,' zei een Chileense jongeman schouderophalend.

Latijns-Amerika is rustiger geworden de laatste twintig jaar.

De plechtige ceremonie bij het presidentiële paleis verliep uitermate vredig. Er was nauwelijks politie. De wachters droegen uniformen in de nationale kleuren: blauw, rood en geel met gouden tressen en pluimen op hun hoge kepie. Aan weerszijden van het paleis stonden paarden opgesteld die ook al waren opgetuigd met kleurige vlechten en pluimen. Er speelde een militaire kapel en toen stond hij daar ineens, hoog op het bordes: de president. Hij zwaaide op zijn gemak naar de mensen en zette het volkslied in. Iedereen deed mee en iedereen kende de tekst. Naast mij stond een meisje hartstochtelijk te zingen, met haar hand op haar hart.

'Doet Correa het goed?' vraag ik aan onze gesprekspartner. Hij trekt een neutraal gezicht.

'Hij is geliefd,' antwoordt hij zuinig.

'Ik zag onderweg dat de mensen zijn naam op hun huizen hebben geschilderd,' vult Jette aan. Zij heeft net een reis naar de jungle van de Oriente gemaakt. 'Iemand vertelde me dat hij in een dorp aan alle honderdtwintig gezinnen een computer cadeau heeft gedaan, zodat ze toegang tot internet hebben.'

Maar er is ook wel kritiek op hem. Hij schijnt nogal hard aan zijn imago te werken en hij heeft de persvrijheid geducht aan banden gelegd.

'Hij doet wel veel voor vrouwen,' zegt de man, terwijl hij de Hollandse ober wenkt voor de rekening.

'Er is een televisiecampagne tegen het machismo: *Y que?*

Ik begrijp pas waar hij het over heeft als ik later met Jette door de stad wandel. Op een muur staat een boodschap gekalkt: *Soy lesbiana, Y que? Ik ben lesbisch, nou én?*

Ik vind het nogal een stap van de onderdanige positie van de vrouwen naar een openbare belijdenis van je seksuele voorkeur. Misschien maakt de vrouw die deze leus heeft geschilderd geen deel uit van het officiële emancipatieteam en heeft zij haar eigen hartenkreet toegevoegd aan de bestaande campagneleuzen. En wat heeft ze gelijk. Voorwaarts met de liefde!

Omdat ik me toch wel een beetje slap voel door de ijle lucht, proberen we onze stadswandeling zo vlak mogelijk te houden. Dat valt niet mee in Quito.

In een zijstraatje blijven we bij een drogist staan. Ik wil misschien iets kopen tegen de duizeligheid. Maar we komen niet verder dan de etalage. Die prijst spannende poeders en pillen aan. Er is Puur Menselijk Feromoon, dat Venami heet: kom tot mij. Het belooft onverbiddelijke aantrekkingskracht en liefde. Er is ook zeep die geluk brengt, *suerte rapido*, en er zijn middelen waarmee je de vijand kunt bestrijden en vloeken ongedaan kunt maken.

Ik neem mij voor later van alles aan te schaffen, niet omdat mijn vijanden het op mijn levensgeluk hebben voorzien, maar omdat de drankjes en kruiden in prachtige potjes en flessen zitten.

We gaan op bezoek bij Ana Luisa Rivadeneira in het kantoor van Plan. Zij gaat over de contacten. Het gebouw ziet er eenvoudig uit en Ana Luisa zit in een hokje waar we met zijn drieën net in passen, zolang de deur niet opengaat. Het geld van de donateurs gaat in Quito niet op aan kantoormeubilair en tapijten.

Ana Luisa vertelt ons waar Jette en ik deze week zullen verblijven. We gaan drie dorpen in het gebied van de Chimborazo-vulkaan bezoeken. In een ervan zullen we vijf nachten doorbrengen.

'Wat willen jullie zien?' vraagt ze.

'Het vrouwenleven,' antwoord ik onmiddellijk. De campagne waarvoor ik op reis ben gegaan heet tenslotte 'Because I am a Girl'.

Ik heb fantasieën over vrouwen die op handen en knieën de was doen in een klaterende rivier, terwijl ze de aanstaande bruiloft van het mooiste meisje van het dorp bespreken. Of zingende vrouwen die de oogst binnenhalen. In mijn verbeelding schijnt natuurlijk de zon en heeft iedereen een goeie bui. Ik zeg maar niet hardop wat ik zoal bedenk.

Ana Luisa vertelt over het werk van Plan. Onderwijs is een van de belangrijkste projecten. De inheemse indiaanse bevolking spreekt Spaans, maar ook Quichua. Die taal kende tot voor kort geen schrift. Inmiddels zijn er afspraken gemaakt over de spelling en kan het Quichua worden onderwezen. Tweetalig onderwijs is een aanmoediging om de kinderen naar school te sturen. 'Het niveau is nog niet heel hoog,' zegt Ana Louisa, 'maar het gaat steeds beter. In het dorp waar wij zullen logeren is Plan al zeven jaar actief. Er zijn twee onderwijzers en vrijwel alle kinderen gaan naar school. Niet elke dag, maar wel heel vaak.'

Het onderwijs is gratis.

'Is er een verschil tussen de jongens en de meisjes?' vraag ik. Ana Luisa knikt. De jongens worden voorgetrokken. Ik knik begrijpend. Zo is het vooralsnog overal ter wereld. Alleen in hoogontwikkelde en voormalige communistische landen worden vrouwen professor.

Maar er is nog een probleem op de scholen: er wordt flink geslagen. Lijfstraffen mogen niet, maar niemand is geschokt als er hier en daar wat klappen vallen. De traditie is nu eenmaal dat vrouwen en kinderen ruw worden behandeld, niet alleen onder de indianen, maar overal in Ecuador. Veel vrouwen mogen niet werken of uitgaan zonder toestemming van hun man. Ze zijn doorgaans slechter opgeleid dan de mannen, trouwen te jong en hebben minder macht over hun eigen leven, ongeacht wat er in de grondwet staat.

Ik vraag aan Ana Luisa hoe haar eigen jeugd is geweest.

Zij en haar zus mochten studeren van hun vader. Daar is ze hem bijzonder dankbaar voor. Maar haar moeder mag niks en heeft nooit vrijheid en onderwijs gekend. Ze is op haar vijftiende getrouwd en kan niet lezen en schrijven. Ik zie aan Ana Luisa's blik dat ze het verschrikkelijk vindt dat ze haar moeder geen beter leven heeft kunnen bezorgen. Ik vertel haar dat het maar vijftig jaar geleden is dat Nederlandse vrouwen hun eigen geld niet mochten opnemen zonder toestemming van hun man, en dat ik nog heb meegemaakt dat de man van mijn vriendin het onzin vond om een wasmachine te kopen. Tot zij ziek werd en hij de was moest doen. Toen bestelde hij meteen een volautomatische, met centrifuge. Dat was in 1973. En ik herinner mij een vrouw in de tram die vertelde dat ze haar zus maar zelden zag omdat ze van haar man 's avonds niet weg mocht, omdat ze koffie voor hem moest zetten. Dat was in 1980.

Maar ik bereid me vast voor op machteloze vrouwen en dictators van kerels.

Het dorp waar wij heen gaan heet St Pedro de Jacupamba en het ligt hoog.

'Jullie moeten waterflessen meenemen,' zegt Ana Luisa. 'De mensen daar kunnen het water drinken en het is niet besmet, maar we nemen geen enkel risico.'

We stoppen in Guamote, het laatste stadje voor we het dorp zullen bereiken. In de winkel staat een indianenvrouw in traditionele kleding: een donkere lange rok, een vest, een hoed en een fel gekleurde omslagdoek waar een baby in hangt. Ze draagt haar haar in een lange vlecht met een kleurig lint. Ik zie eeuwen geschiedenis, tot ze met een geroutineerd gebaar haar mobiele telefoon uit haar zak haalt en naar het schermpje tuurt.

Ik heb nog een verkeerd beeld in mijn hoofd. Ik stelde me voor dat Jacupamba een knus dorpje was, zoals ik ze uit Tanzania ken, met spelende kinderen, rondhangende mannen en vrouwen die iets nuttigs aan het doen zijn.

Maar er is geen levende ziel te bekennen op het dorpsplein en van hutjes is ook geen sprake. Heel in de verte, boven, staat een huis. Er komt iemand naar buiten, die weer verdwijnt.

'Dit is het centrum,' zegt Ana Luisa. Ze wijst op de stenen gebouwtjes die rondom het plein staan. Ze dragen allemaal de opdruk van Plan. Er zijn een vergaderhuis voor de vrouwen, een kerkje, een medisch centrum, een computercentrum, een keuken en drie schoolgebouwtjes, maar ze zijn allemaal gesloten. Het is zomervakantie.

Ik was al bijna vergeten dat het zomer is. Het is hier ijskoud, nog geen tien graden, schat ik.

'Waar zijn de mensen?' vraag ik.

'In hun huizen,' antwoordt Ana Luisa.

'Waar zijn die dan?'

Dáár, wijst ze, en dáár.

De huizen liggen op grote afstand van het centrum en dan ook nog heel ver uit elkaar. Dat is toch niet gezellig?

Ze lacht. 'Er liggen weides tussen, en bouwland.'

Het begint te regenen.

We gaan met de auto langs een smalle weg naar boven om de bron te bekijken die het dorp van water voorziet. Het gaat steeds harder regenen. Ik probeer wat minder chagrijnig te zijn. Er is toch warempel wel wat belangrijkers dan mooi weer?

Ik weet het antwoord: veiligheid, rust. De inheemse bevolking is naar steeds hoger gelegen plaatsen getrokken om te ontkomen aan de overheersers van Ecuador: de Inca's en later de Spanjaarden. En ook de regimes van de afgelopen jaren waren niet allemaal even vriendelijk. Zelfs hulpverleners verstoorden met hun goede bedoelingen het sociale evenwicht. Plan loopt op kousenvoetjes. De programma's sluiten zo veel mogelijk aan bij de bestaande structuren.

Iedere dorpsgemeenschap heeft een *chacarero*, een wijze man die veel kennis heeft van landbouw, veeteelt en gezondheidszaken. De chacarero wordt bij allerlei besluiten geraadpleegd.

Er is ook een dorpsleider en vaak is er iemand die van alles weet over kruiden. Plan werkt samen met die mensen en overstemt hen niet. Er zijn ook vrijwilligers uit de dorpen die bij de projecten van Plan worden betrokken. Er is voortdurend overleg. Daardoor is er vertrouwen en slaan de programma's aan.

De bron is een van de projecten die veel succes hebben. Vanuit de bergen stroomt er vanzelf water naar beneden, maar door samenwerking tussen de leiders van de gemeenschap en Plan is er een buizensysteem gebouwd dat het water kanaliseert en ervoor zorgt dat alle huishoudens in Jacupamba stromend water hebben.

Met een klein groepje Plan-medewerkers klimmen we in de stromende regen langs een glibberpaadje naar boven om het allemaal in ogenschouw te nemen. We moeten onder prikkeldraad door kruipen. Waar dient dat voor? David Alvarado, een van de coördinatoren van Plan die in dit gebied werkt, legt uit dat de versperring er is om de dieren die op de hooggelegen velden grazen op afstand te houden. Zo komen er geen fecaliën in het schone water.

Ineens begrijp ik hoe belangrijk het is dat er samenwerking is tussen de herders van de dorpsgemeenschap en de helpers van buiten. Je kunt mensen niet zomaar opzadelen met goede werken en dan verwachten dat ze dankbaar en eerbiedig op je ingenieuze constructies gaan zitten passen.

In het afgelegen gebied in Tanzania waar ik een poos heb gelogeerd, was ooit stromend water. Een missiepater met technische kennis had met de hulp van lokale arbeiders een watertoren gebouwd en leidingen aangelegd. Toen alles functioneerde stelde hij een bewaker aan, die moest toezien op het juiste gebruik en moest voorkomen dat mensen de waterleiding onklaar zouden maken.

Maar als iemand een schroefje nodig had of een stuk pijpleiding, nam die dat gewoon mee en daar kon de bewaker niet zo heel veel aan doen. De watertoren staat er nog steeds, maar de mensen moeten allang weer met een emmer op hun hoofd naar een bron lopen.

We zijn al bijna twee uur in Jacupamba en ik heb nog geen dorpsbewoner gezien. Wanneer begint het Meeleven met de Lokale Vrouwen nu eindelijk? Binnen een kwartier, tot mijn verrassing.

Jette en ik worden naar het huis van Julian en Marita gebracht, en even later sta ik naast Marita een witte sok te wassen, terwijl haar kleindochter van vijf giechelend toekijkt.

David had mij al verteld dat Plan een nieuw systeem van wassen heeft geïntroduceerd. Vroeger werd er op handen en knieën geboend, maar nu doen de vrouwen staande de was, in een hoge tobbe, bij een kraan met stromend water. Dat is een grote verbetering.

Na de was gaan we de heuvel op, naar de paramo, het grasland. Marita laat zien hoe ik de taaie halmen moet snijden en verzamelen. Als we een enorme bos hebben, bindt ze die op haar rug. Vlak bij haar huis spreiden we het gras uit om te drogen. Het regent niet meer.

'Is het voor de dieren?' vraag ik. Marita lacht. 'Nee hoor,' zegt ze, 'het is voor jullie bed.'

Ze neemt ons mee naar onze logeerkamer. Het is de kamer van de jongste dochter die in Riobamba verpleegkunde studeert. Het bed is 1.50 lang, 1.20 breed en heeft een bodem van latten. Jette staat naast me en kijkt benauwd. Daar kan ik mij wel iets bij voorstellen. Ze is een struise Hollandse meid, die frommel je niet in zo'n poppenbed, met mij er ook nog naast.

Maar we glimlachen dankbaar en gaan mee naar de woonkamer. Die is van steen, met op de aangestampte grond paramogras. In de hoek staat een tafel met drie plastic stoelen en bij een gat boven in de muur is de vuurplaats.

We gaan aardappelen schillen. Marita geeft mij een krukje en gaat zelf op een stuk hout zitten. De pan zet ze tussen ons in. Jette zit aan tafel met de vijfjarige kleindochter, die niet alleen Spaans blijkt te kunnen lezen en schrijven maar ook Engels. Voor een goed voorbeeld van machismo en educatieve achterstand moet je niet in dit huishouden zijn. Als Julian thuiskomt, schuift hij meteen aan om mee te helpen schillen. Dat is niet volgens de traditionele taakverdeling tussen man en vrouw. In de meeste gezinnen doen de vrouwen het werk. Ze verzorgen de schapen, de varkens, de kippen, de koeien en de cavia's. De cavia's worden niet voor de gezelligheid gehouden maar voor de slacht. Ze zijn een feestmaal.

'Het zijn geen gewone cavia's hoor!' zei Jette toen ze mijn verschrikte gezicht zag.

Maar het zijn wel degelijk gewone cavia's, prachtige goudbruine en witte beestjes, die in grote kooien ronddartelen tot hun leven met een korte tik op de neus wordt beëindigd. Ik eet geen vlees, maar ik vind het cavialeven in Ecuador heel wat aanvaardbaarder dan het liefdeloze bestaan van vleesvarkens in Europa.

Als de aardappelen klaar zijn, krijgen Jette en ik een bordje soep van aardappel en quinua.

Quinua is een graansoort met veel eiwit. Er is een onderzoek gedaan naar de eetgewoonten in verschillende huishoudens, en het bleek dat de gezinnen waarin veel quinua werd gegeten veel gezonder waren dan de gezinnen die alleen aardappelen en tuinbonen aten. Er zijn ook knollen en wortels die belangrijk zijn voor een goede gezondheid en er wordt voorlichting gegeven aan moeders om die vooral op tafel te zetten. Tafel is wel een erg groot woord. Er is niet genoeg plaats om het hele gezin tegelijk te laten eten, niet genoeg servies ook, trouwens.

Als Marita staande een bordje soep heeft opgelepeld, moeten we opschieten: er is zang in de kerk. Er wordt geoefend voor een groot feest dat binnenkort plaatsvindt.

We haasten ons de berg af. De zon begint al te zakken en het dal is overgoten met roodgoud avondlicht. In de kerk zit een groepje vrouwen te wachten. Wij gaan ook zitten en dan gebeurt er helemaal niks. Iedereen wacht en ik heb geen idee waarop. We kwebbelen wat en vertellen waar we vandaan komen. Ten slotte houd ik het niet meer. 'Gaan jullie nu nog zingen of hoe zit dat?'

Maar ze willen alleen zingen als Jette en ik eerst een lied inzetten. Dat doet Jette voor geen prijs, maar ik schaam me nergens voor.

Ik zing van het karretje dat op de zandweg reed, de maan scheen helder, de weg was breed, het paardje liep met lúúúste...

Als ik klaar ben stellen de vrouwen zich tegenover ons op, schouder aan schouder, en zingen ze, terwijl ze precies in de maat heen en weer wiegen, een prachtig lied in Quichua. Eén lied. Dan haast iedereen zich weer de berg op, want morgen begint de dag alweer om vijf uur.

Wij hoeven niet wakker te worden, we zijn het al. Gras is géén matras en Jette heeft het zo verschrikkelijk koud gehad met haar benen aan alle kanten buiten het bed in de nachtelijke vrieskou, dat ze de rest van de dag blijft rillen. Ik help met het ontbijt: quinua met *milloco*, een gladde knol. Dan gaan Dario, de tweede zoon, en ik de koeien melken en de mest opruimen. Hij is al helemaal geen macho. Als ik hem vraag wat hij gaat doen als hij klaar is met zijn studie, verklaart hij ferm dat hij terug wil keren naar Jacupamba om zijn lieve ouders te helpen met de boerderij. Hij helpt, net als zijn vader, met koken.

Als we terugkomen in het huisje, drinken we een zoete meeldrank, *machica*.

Dan gaan we met Marita mee om tuinbonen te plukken. Haar akker ligt aan de rand van een prachtige vallei. Jette is er niet weg te slaan.

Alleen de grootste bonen worden geoogst. Als we klaar zijn tilt Marita de grote zak op haar rug en bindt hem om haar sterke armen. Uit de verte klinkt een hoge kreet. Dat is een buurvrouw, die iets roept. Ze staat in een veld halverwege de berg. Marita antwoordt met een schelle stem die ver draagt. Zo geven de bewoners van Jacupamba elkaar berichten door.

Als we terug zijn in het huis, gaat Marita het varken voeren en vul ik een teiltje met lauw water om me te wassen. Het valt niet mee om schoon te blijven. Er is wel een soort douche in het huis, maar die is in de slaapruimte van Julian en Marita en ik vind dat we wel genoeg inbreuk op hun gezinsleven maken. Het heeft ook niet veel zin om te douchen, want ik heb in al mijn kleren geslapen en voor geen prijs doe ik ze vannacht uit.

Ik heb een ander sanitair probleem: Plan is erg trots op de latrines die zij her en daar in de derde wereld plaatst. Ik heb wel eens eerder voor hen gereisd en toen waren ze er ook druk mee. Maar ik zie de verbetering niet.

Naast de wasplaats bij het stromende water staat het toilet. Het is een gebouwtje van golfplaten met daarin een lichtblauwe closetpot. Je moet de wc doorspoelen met hetzelfde bakje waarmee de was wordt overgoten. Begrijp me goed, dat is niet vies, want dat bakje is schoon. Maar het is klein en volstrekt niet toereikend om ferme fecaliën mee te laten verdwijnen, al vul je het nog zo vaak. Er drijft dan ook iets akeligs in het water. Dat is nog van de vorige bezoeker. De pot zelf is ook heel vies. De mensen hier onderhouden geen relatie met sopdoekjes. Dat is ook nergens voor nodig. Op de grond van het huis liggen grashalmen. Die nemen gemorst voedsel en modder op. Een paar maal per dag wordt de vloer geveegd, dan is hij schoon. De afwas wordt zorgvuldig gedaan met de hand en warm water. De mensen zijn schoon op hun lichaam. Ze wassen hun haar.

Die wc-pot is een vreemd voorwerp en past niet in de cultuur. En dan is er nóg iets mis met een closetpot. Als je erop zit, ontspan je je lichaam en kun je je gevoeg doen. Maar als je jezelf erboven in evenwicht moet zien te houden, in het donker, zonder dat je ziet waar je mikt, terwijl je weet hoe gruwelijk vies die pot is, kun je je niet ontlasten. Als je hurkt kan dat wel, ook al is de wc nog zo vies, daarbeneden. Vraag maar aan de Fransen.

Ik begrijp niet waarom Plan geen voorziening heeft aangelegd waarboven je gehurkt afstand kunt houden van het porselein. Een Franse hurk-wc of een Thaise. Voor mijn part een gat in de grond met een beerput eronder.

Als ik terugkom in de kamer, staat die vol rook. Dario, de zoon, heeft een nieuw vuurtje voor die arme Jette gemaakt. Hij kon het gebibber niet meer aanzien. Nu rilt ze niet meer, ze hoest. Ik vlucht het huisje uit en ga met Marita aardappelen pitten.

We zoeken een plek in de luwte van de werkschuur en leggen de aardappelen voor ons neer. Terwijl we werken, praten we over het vrouwenleven. Marita vindt dat ze niks te klagen heeft en ik ben het met haar eens. Andere vrouwen hebben het heel wat moeilijker, zegt ze. Die mogen niet eens meebeslissen over de gewassen die ze zullen zaaien, niet over de koeien die verhandeld worden. Marita heeft veel vrijheid. Ze maakt ook deel uit van een klein groepje vrouwen dat samen een kaasmakerij beheert. Ze heeft eigenlijk maar één wens, die maar niet in vervulling gaat: ze wil dat Julian haar leert autorijden en dat doet hij niet. Nog niet.

Jette en ik staan op de uitkijk. Straks komt de auto van Plan en mogen we mee naar een ander dorp, waar David een groep kinderen begeleidt. Wij verheugen ons enorm, want in een auto zit verwarming. En het dorp ligt wat lager dan Jacupamba. Het scheelt misschien maar twee graden maar alle warmte is welkom.

'Hoe houden die mensen het hier uit op deze koude berg?' zuchten we.

'Ze zijn het gewend,' zegt Jette.

'Dit is voor hen nog niet eens echt slecht weer,' somber ik, 'in de winter is het nog veel erger.'

'En ze wonen in ieder geval in een huis, niet in een hut.'

'Misschien is het voor hen net zoiets als kamperen,' zeg ik.

'Ja,' zegt Jette, 'kamperen met slecht weer.'

Niet alleen de temperatuur is beter in San Miguel de Rayo Loma, de sfeer is ook vrolijker. De huizen liggen naast elkaar en overal zijn kinderen.

Op weg naar de vergadering lopen we een schooltje binnen. Het is open, ook al is het zomervakantie, en er is iemand aan het opruimen. Aan de muur hangen tekeningen en plaatjes van voedingsmiddelen. Op alle scholen wordt voor de kinderen gekookt.

Er staan ook tandenborstels en boeken.

'Wat vinden jullie van Ecuador?' vraagt de vrouw die het speelgoed ordent.

Ik vind nooit iets van een heel land. Bovendien ben ik hier pas. Ik antwoord dat ik de vrouwen zo sterk vind. Dat meen ik in alle oprechtheid. We hadden wei gehaald bij de kaasmakerij, een grote emmer vol waterige vloeistof die aan de honden wordt gegeven, in plaats van voedsel. Varkens krijgen goed te eten, kippen ook, maar honden komen er bekaaid af. Het zijn schatjes om te zien en zo bescheiden als wat, maar de mensen geven niks om ze.

'Hoe heet deze hond?' vroeg ik gisteren terwijl ik op een van de drie honden bij het huis wees, een vaalwitte met een bruin en een blauw oog.

Marita haalde haar schouders op. 'Hij heeft geen naam.'

'Hoe roepen jullie hem dan?'

'Met allemaal scheldwoorden,' grinnikte ze.

Maar goed, we hadden die emmer en ik bood aan hem ook een stukje te dragen. Dat heb ik geweten! Ik denk dat hij wel vijftien kilo woog. Hijgend en kreunend heb ik hem de berg op gesjouwd. En Marita maar lachen.

De vrouwen zijn niet alleen lichamelijk sterk. Ze verduren dit zware bestaan in een meedogenloos klimaat. Ze zeulen met baby's, duwen kruiwagens vol mest en koken iedere dag hetzelfde vreugdeloze voedsel, dat ook nog eens een crime is om te doppen, te schillen en te ontpitten.

Van die milloco-knollen krijg je gemene brandwonden onder je nagels. Jette en ik hebben een hoopje milloco ontpit om wat te doen te hebben bij het rokerige vuur.

'Au!' riep ik na een kwartier.

'Ja!' beaamde Jette. We hadden onze nagels gebruikt omdat er geen mes was. Ik had maar wat graag willen zeuren dat het zo'n pijn deed, maar dat doet niemand hier, dus ook ik hield maar mijn mond.

Sommige taken vind ik leuk; met de schapen en de varkens het bergpad op klimmen naar een hoger gelegen wei. Het is een wandeling van bijna een halfuur, maar het landschap is prachtig en het is een leuk gezicht, die tevreden dieren. Maar boven wachtte weer een zware opgave: met een houweel hakten de vrouwen gaten van 30 centimeter in de weerbarstige grond. Ze plukten met snelle bewegingen takjes en wonden het touw dat ieder dier aan een achterpootje meedraagt eromheen. Dat legden ze in het gat, waarna ze het dichtschepten. Zo kunnen de varkens en schapen niet wegwandelen. Ik heb drie gaten gehakt, toen kon ik niet meer. De vrouwen deden er met zijn tweeën wel twintig.

In het schoollokaal zitten volwassenen op kleuterstoeltjes langs de muur. De jongens stoeien en rennen heen en weer, de meisjes zitten op een kluitje bij elkaar en kijken zuinig, als tantes op een huwelijk waar ze zich niet in hebben kunnen vinden.

David roept de jongens tot de orde en stelt ons voor: 'Dit zijn Ibon en Jet. Ze komen uit een heel ver land en ze willen veel leren over ons leven hier.'

De kinderen juichen alsof we een traktatie zijn waar ze lang naar hebben uitgezien.

De bijeenkomst is de afsluiting van een project. De afgelopen weken hebben de kinderen het leven van vaders en moeders en van jongens en meisjes in beeld gebracht. Aan de hand van vragen van David vertellen de kinderen het verschil: 'Hoe laat staan de mama's op?'

'Om vijf uur!'

'En de papa's?'

'Ook om vijf uur!'

Zo neemt David de dag door, tot de avond.

Het verschil tussen de jongens en de meisjes is, ook zonder de vragen, duidelijk. Zolang David de jongens aanspreekt, luisteren ze aandachtig, maar zodra hij het woord tot de meisjes richt, verliezen ze alle belangstelling en gaan ze keten.

De meisjes geven ook anders antwoord dan de jongens. Als hun gevraagd wordt wat de moeders doen, benoemen ze die taken nauwgezet: aardappelen schillen, schapen naar de wei brengen, kalfjes voeren, bonen oogsten. Als de jongens antwoord geven, zeggen ze: voor de dieren zorgen, eten maken.

Maar ze zijn het er wel over eens dat de mama's veel langer werk hebben dan de papa's, en dat de meisjes nog hard aan het werk zijn als zijzelf mogen spelen.

'En hoe voelt dat?' vraagt David aan de jongens, 'hoe vinden jullie het, dat jullie zusjes veel minder tijd hebben om te spelen dan jullie?'

Het blijft giechelig stil.

'Voelt dat akelig vanbinnen, omdat het niet eerlijk is?' spoort David zachtjes aan.

'Jááá!' roepen ze, blij dat ze begrijpen wat het juiste antwoord is.

'En wat moeten jullie daaraan doen?'

Ze stompen wat tegen elkaar schouders.

'Moeten jullie de meisjes helpen?'

'Jááá!! We moeten onze zusjes helpen!'

Toch zijn deze lessen nuttig. Er wordt naar de kinderen geluisterd, de volwassenen horen ook wat er wordt gezegd en nemen deze bijeenkomst bijzonder serieus. Alle belangrijke leiders van het dorp zijn aanwezig en er zijn ook veel vrouwen.

Tot slot verdeelt David de groep in tweeën. Eerst houden de jongens een kringgesprek. Wat is er niet zo leuk aan hun leven? Ze zijn niet gewend dat er naar hun mening wordt gevraagd, en al helemaal niet dat ze hun beklag mogen doen. Maar na een poosje komen ze met een paar dingen waar ze verdriet van hebben.

'Dat we op school geslagen worden,' meldt een jongetje.

'En geschopt,' vult een ander aan.

'En uitgescholden.'

'En dat papa soms lang niet thuis is.'

Dat laatste gebeurt als de mannen buiten de dorpsgemeenschap aan het werk zijn. Alleen de jongens hebben die klacht. Als de meiden even later mogen zeggen wat eraan schort in hun leven, zeggen ze niets over de vaders. Ze komen wel meteen met een klacht over het geweld op school.

'Dat ze aan onze haren trekken.'

'En slaan.'

En de klappen thuis.

'Dat mama wordt geslagen, vind ik niet leuk.'

Over het vele werk klagen ze niet.

Ik stel een paar vragen over vriendschap. Hoe belangrijk zijn vriendinnen?

En dan is het ineens of ik op de *Tina*-dag in Nederland ben. Je vriendin is de belangrijkste persoon, na je ouders. Dat is hier niet anders dan in alle landen van de wereld. Twee meisjes vertellen dat ze op school afspreken hoe laat ze met de schapen naar de paramo gaan, zodat ze elkaar kunnen treffen.

'Waar praten jullie over?'

'Over alles,' zeggen ze in koor, 'over wat we willen worden, over wat er op school gebeurt.'

Ik weet dat ze ook over jongens zullen praten en over wat er thuis gebeurt, maar dat mag natuurlijk niet hardop worden uitgesproken.

'En er is ook veel geheim,' stel ik vast. Ze knikken blozend. Zou Plan weten dat die vriendschappen bestaan en dat ze gebruikt kunnen worden om meiden sterker te maken?

Net voor mijn terugkeer naar Riobamba, de wereld van warme baden, gevarieerde maaltijden en een glaasje wijn, spreek ik Maria Galarsa. Zij heeft dertien jaar geleden met een groep vrouwen de kaasmakerij in Jacupamba opgericht. In het begin was het een groot succes. Maar liefst veertig vrouwen deden er aan mee. Ze hadden ook een eigen bank, die leningen verstrekte. Maar allengs deden er steeds minder vrouwen mee. Ze hadden het te druk of ze werden door hun man tegengehouden. Soms waren ze ook te ongeduldig. Ze wilden direct resultaat en dat lukte nu eenmaal niet. Nu doen er nog maar twaalf vrouwen mee in de kaasmakerij. Dat is teleurstellend.

Wie zijn die twaalf die over zijn?

'Dat zijn mijn vriendinnen,' verklaart Maria Galarsa, 'dat waren ze al toen we jong waren. En dat zijn ze nog steeds.'

Rosita Steenbeek – Malawi

De een veerkoopt baobabsap, de ander zichzelf

'Welkom in het warme hart van Afrika,' zegt de vrouw die mijn paspoort nog eens controleert nadat ze me stralend heeft begroet met: *'Hello, how are you?'* Eerder keek een man in uniform met een ernstige blik naar datzelfde paspoort en een andere man controleerde of ik mijn inentingen wel had gehaald. De vrouw draagt een fleurige jurk en lacht.

Buiten onder de palmen staat een drom mensen te wachten op de passagiers die met mij uit het vliegtuig zijn gestapt. Een man in de kleine aankomsthal houdt een stuk karton omhoog met het logo van Plan erop; het is Nelson, de chauffeur. Zijn huid is diepzwart.

In zijn jeep voert hij me over een slordige asfaltweg met brede zomen van rood zand naar mijn hotel in de hoofdstad Lilongwe. De begroeiing is dor, de bladeren van de bananenbomen zijn verdroogd, maar af en toe zorgen struiken vol kerststerren en bomen beladen met bougainville voor een explosie van kleur. De verf op de schamele huisjes her en der is verbleekt door de zon.

Een vrouw met een enorme mand bananen op haar hoofd loopt kaarsrecht met blote voeten over de rode grond. Ze duwt het kindje dat in een doek op haar rug hangt recht. Even verderop staan twee vrouwen te praten, de ene met een groot vat en de andere met een grote bos takken op het hoofd. Achteloos en vanzelfsprekend, alsof ze een hoed dragen.

'Waar kauwt die jongen op?'

'Suikerriet. Smaakt lekker.'

Veel mensen lopen te knagen op die zoete takken. Een jongeman heeft zijn fiets ermee beladen.

Na twaalf uur vliegen ben ik terechtgekomen in een volledig andere wereld. Het is vreemd om de enige te zijn met een blanke huid.

'Doe de deur op slot,' zegt Nelson bij een kruispunt. 'Zodat ze je tas niet roven. Je huidskleur betekent geld.'

'Op mijn negende mocht ik niet meer naar school,' zegt Mercy, 'want ik moest thuis helpen.'

Ze zegt het alsof het vanzelfsprekend is. Ze is klein en tenger, heeft een gezicht met fijne trekken en grote ernstige ogen. Haar donkerblauwe vest zit te ruim, een kleurige rok reikt tot over haar knieën, haar blote voeten steken in versleten sandalen.

We zitten aan tafel bij SAW, de Society for the Advancement of Women, waar Nelson mij en MacDonald – een medewerker van Plan Malawi – naartoe heeft gebracht. Dit is een van de vele organisaties waar Plan mee samenwerkt. MacDonald heeft me voorgesteld aan de directeur van SAW, eveneens een man. Er zit ook een oude vrouw aan tafel, gehuld in zwart-wit gebatikte doeken. Esnart is haar naam, ze spreekt alleen Chicheva. Ze glimlacht regelmatig naar me en haar houding heeft iets waardigs.

MacDonald vertaalt wat Mercy vertelt.

'Haar vader en moeder zijn overleden. Aids. Haar opa en oma waren te oud. Haar oom en tante zorgden al voor haar broers.'

'Gingen je broers ook niet meer naar school?'

'Zij wel.'

'Toen kwamen die mensen uit Lilongwe op bezoek in het dorp. Kennissen van haar oom. Ze zeiden dat Mercy een paar uur zou helpen in het huishouden en dat ze daarvoor betaald zou krijgen. Ze wilde heel graag weer naar school en dat zouden zij regelen.'

De organisatie werkt samen met oudere vrouwen uit de dorpen die in de gaten houden of de meisjes niet worden uitgebuit en van school gehaald. Als dat het geval is, vertellen zij het door en dan kan de organisatie ingrijpen.

Zo is Mercy ook bevrijd. Door toedoen van Esnart.

Als we naar de oude vrouw kijken glimlacht ze en buigt haar hoofd.

Mercy komt uit een dorp ver van Lilongwe. Veel jonge mensen dromen over de stad, zegt MacDonald. De stad geeft kansen. Daar krijg je een auto denken ze, een huis, een telefoon. Maar vaak valt het bitter tegen.

Mercy knikt.

Geen enkele belofte werd ingelost. Ze moest om vijf uur 's ochtends opstaan, opruimen, wassen, koken, boodschappen doen, en ze ging als laatste naar bed. Om middernacht. Ze moest vaak wachten op de mannen die naar de kroeg waren geweest, om de deur voor hen open te doen.

'Hoe oud was je toen?'

'Dertien.'

'Vaak werden die mannen agressief of handtastelijk. Heel veel meisjes die zijn aangenomen om huishoudelijk werk te doen, werden tegelijkertijd als seksslavin gebruikt.'

Nee, Mercy niet, maar die mannen waren wel vaak agressief als ze gedronken hadden.

'Ze hadden beloofd dat je naar school zou gaan.'

'Dat gebeurde niet,' zegt MacDonald. 'Ze wilde heel graag naar school.'

'Werd je betaald voor je werk?'

'Mercy dacht dat het geld naar haar familie ging, maar later bleek dat niet het geval. Veel mensen in de stad zoeken in de dorpen naar jonge meisjes. Die kosten weinig of niks.'

Ik zou liever rechtstreeks met Mercy en de vrouw praten. Het is alsof de mannen mijn gedachten raden. Ze excuseren zich en moeten even wat met elkaar bespreken.

Nu zijn alleen Mercy, Esnart en ik in de ruimte met de stenen vloer en stenen wanden, die dezelfde rode kleur hebben als de aarde. Door de brede, scheef hangende luxaflex vallen strepen zonlicht op de stoffige tafel.

We glimlachen naar elkaar. Ik pak mijn boek over Malawi, laat de kaart van het land zien en vraag waar Mercy vandaan komt.

Gretig buigt ze zich over het boek en tuurt.

Ze vindt de plek en wijst.

'Vlak bij Lake Malawi. Dat moet heel mooi zijn. Ben je er geweest?'

Ze knikt trots.

'Ik heb er gezwommen.'

Dat reusachtige meer beslaat ongeveer een derde van het land en moet een paradijs zijn vol prachtige vissen.

Ik blader verder naar afbeeldingen van dieren die in haar land leven.

'Heb je wel eens olifanten in het echt gezien?'

'Ja, een heleboel.'

Nu blijkt ze wel Engels te kunnen spreken. Ze had een boekje waarin ze soms studeerde en nu leert ze het op school.

'En nijlpaarden, in de rivier.'

Ze lacht en wijst. 'Een bushbaby. Die komen 's nachts tomaten stelen.'

We kijken samen naar het kleine komische diertje.

'Ze zijn heel snel. Als je wilde dieren wilt zien in Lilongwe moet je naar het Wildlife Centre. Daar vangen ze gewonde dieren op. Een vriendin van mij werkt er.'

'Wilde je niet bij dat mooie meer blijven wonen in plaats van in de stad?'

'Het is er gevaarlijk. De meisjes gaan met de vissers naar bed voor geld. Ze hebben allemaal aids.'

'Wat is je droom, je wens voor de toekomst?'

'Ik wil politieagent worden.'

Ze vertaalt af en toe iets voor Esnart, die er kalm en glimlachend bij zit.

'Ik wil de meisjes helpen. Ik was terug in mijn dorp en dat

maakte me verdrietig. Al mijn vriendinnen zijn getrouwd en hebben kinderen.'

'En ze zijn niet gelukkig?'

'Nee, ze hebben geen geld en vaak ook geen man. Ze hebben zich voor de gek laten houden. Een jongen maakt hen verliefd, belooft te trouwen maar doet het niet. Of hij slaat hen. Dat moet bestraft worden.'

Maar dat gebeurt niet. Het is altijd de schuld van het meisje zeggen ze. Moet ze maar voorzichtig zijn. De man dwingt of dreigt haar. De meisjes durven niet te praten. Niemand durft te praten.

Gelukkig heeft Esnart het wel gedurfd.

Ik vraag of ze wil trouwen. Jawel, maar eerst wil ze politieagent worden en ze wil niet meer dan twee kinderen.

De jeep draait van het rafelige asfalt af en gaat zo'n zijweg van rood zand in. We hebben Wilfred opgehaald, die ook voor Plan werkt en die zich bezighoudt met het project 'Learn without Fear'. Hij is een forse kerel met een aardig, open gezicht die erg rustig en duidelijk Engels spreekt.

Aan weerskanten van de weg staan dorre struiken, af en toe zien we een bananenboom. Vroeger strekten zich hier bossen uit, maar die zijn opgestookt. Hout wordt gebruikt om op te koken en als verlichting en is minder duur dan elektriciteit. Die is trouwens onbetrouwbaar, er is regelmatig stroomuitval, die vaak uren duurt.

Nu begrijp ik dat Nelson in een jeep rijdt. De kuilen zijn diep, de hobbels hoog, en er liggen stenen en takken op de weg.

De weg is versperd door een auto die uit brokstukken bestaat en waarvan de ruiten zijn vervangen door flodderig plastic. Er staan een paar jongens omheen.

'Ze leren elkaar autorijden. Rijles is heel duur.'

De aan elkaar geplakte kar wordt in de struiken gereden. Het is de enige auto die we tegenkomen.

We passeren lemen huisjes met rieten daken verscholen in het struikgewas, kleine meisjes met baby's in een doek.

'Dat zijn toch geen moedertjes?'

'Nee, maar ze vinden het prachtig,' zegt Wilfred, 'moedertje spelen. Er zijn wel veel meisjes van dertien, veertien die zwanger raken en niet meer naar school gaan. We proberen ervoor te zorgen dat ze toch weer terugkeren naar de klas, door te vertellen over het nut van school. Maar we lokken ze ook met muziekbands en toneelclubs.'

De jeep rijdt een weidse, rode zandvlakte op waar kinderen spelen die nieuwsgierig kijken en naar ons zwaaien. Rond de grote vlakte staan gebouwen die uit diezelfde rode aarde zijn opgetrokken.

We worden ontvangen door de hoofdonderwijzeres, in haar kantoor met stenen vloer en stenen wanden. Er hangen lijsten aan de muur waar met de hand lesroosters op geschreven staan en namen van kinderen. Een grote knalrode poster domineert: STOP KINDERARBEID.

Vooral de meisjes worden daar de dupe van, vertelt ook deze juf. Meisjes worden thuisgehouden om te helpen bij het huishouden, het land te bewerken, of om spullen te verkopen langs de weg. Tomaten, agave, suikerriet, of zichzelf. Veel meisjes zijn niet veilig binnen hun eigen familie.

De school werkt nu drie jaar samen met Plan en het gaat een stuk beter. Niet alleen de kinderen, ook de families worden bewust gemaakt. Er zitten nu meer meisjes in de klas. Meisjes die heel jong een kind hebben gekregen komen weer terug naar school. Ze zijn verliefd geraakt of verkracht, de jongen of man is meestal verdwenen.

De band zal voor ons spelen. We wandelen naar een andere rode zandvlakte achter het kantoor van de hoofdonderwijzeres. Op een breed podium zitten een paar jongens achter hun trommels. Naast het podium staan meisjes twee aan twee in een rij. Ze dragen lange groene rokken. De jongens beginnen te spelen, in een swingend ritme. De meisjes dansen zingend het podium op.

Het lied heet 'Kinderen hebben rechten'. Wilfred vertaalt uit het Chichewa: 'Ieder kind heeft het recht om naar school te gaan. Alsjeblieft: laat ons naar school gaan. Vaak worden we voor de gek gehouden, verleid om in het buitenland te werken. Sommigen worden zwanger, lopen hiv op of belanden in de prostitutie.'

Het klinkt als een vrolijk danslied en mijn voeten doen vanzelf mee.

'Kinderen mogen en moeten "nee" zeggen. We hebben het recht om naar school te gaan. Laat je niet verleiden om te werken in Zuid-Afrika tijdens het WK, je belandt in de prostitutie.'

Vrolijk zingend dansen de meisjes het podium weer af.

Ik klap in mijn handen.

De band treedt op op de eigen school, maar ook op andere scholen en op scholen die niet meedoen met het project. De kinderen vinden het leuk, het prikkelt hen om naar school te gaan en ze vertellen erover aan hun ouders. Die worden uitgenodigd voor gesprekken en discussies voor en na het optreden. Ook ouders leren daar veel van. Velen zien meisjes als een inkomstenbron voor de familie.

Als we teruglopen naar de jeep, maak ik een foto van een groep spelende kinderen. Ze gaan meteen in de houding staan en poseren met een stralende lach. Er komen meer kinderen aangehold, en meer en meer.

'*They love the camera*,' zegt Wilfred. 'Ze willen gezien worden. Ze hopen dat ze in een blad komen te staan.'

De lokalen stromen leeg en binnen een oogwenk staan alle leerlingen te glanzen voor mijn lens.

We rijden door over andere rode paden naar een nieuwe school, eveneens opgetrokken uit rode aarde.

De hoofdonderwijzer, gehuld in een zilverkleurig pak, ontvangt ons in zijn langwerpige ruimte waar vervaalde schoolboekjes in lange rijen naast elkaar staan. Ze worden op hun plaats gehouden door twee grote kisten met het logo van Plan erop. Op beide kisten is een rond gezicht getekend. Bij het ene gezicht gaan de mondhoeken naar beneden, bij het andere krullen ze omhoog.

'Kinderen durven vaak niet te praten. Ze kunnen hun problemen of positieve ervaringen posten in die kisten en dan kan erover gepraat worden terwijl ze anoniem blijven. Ook familie en leraren doen mee aan die gesprekken. Alleen als het om seksueel misbruik gaat is het een zaak voor de politie.'

Dat kwam in het verleden veel voor. Er was een school waar niet één meisje meer op zat.

'We ontdekten dat er op die school sprake was van seksueel misbruik.'

Droog voegt hij eraan toe: 'En meisjes werden geslagen met een zweep.'

Inmiddels zijn de docenten die zich daaraan schuldig maakten weg en gaat het goed met de school.

'Ook psychische agressie is wijdverbreid. Tegen een meisje dat niet goed presteert doordat ze thuis hard moet werken, roept een onderwijzer bijvoorbeeld: "Ach, ga toch trouwen!" Wij leren de meisjes dat ze dat niet moeten slikken. Ook de leraren worden dus opgevoed. Vaak hebben ze een gebrek aan kennis.'

Hij vertelt rustig en met een vriendelijke glimlach.

'Meisjes leren dat het niet normaal is wanneer hun intieme delen worden aangeraakt. Eerder zwegen ze erover of dachten ze dat het erbij hoorde, of dat ze slechte cijfers zouden halen als ze erover zouden praten.'

Behalve de kisten hebben ze allerlei andere mogelijkheden om hun problemen te uiten. Door te tekenen, affiches te maken, en strips. Door te schrijven: liedteksten voor de schoolband of toneelstukken die vervolgens worden opgevoerd. Voor en na optredens wordt er gepraat met de kinderen, de ouders, en de leraren. Het gaat heel goed met zijn school en iedereen wil er dan ook les krijgen.

Hij heeft een lijst gemaakt waarop staat hoeveel jongens en meisjes de laatste jaren in de eerste klas zaten en hoeveel in de achtste, de laatste klas. Hij heeft alles keurig met de pen opgeschreven en leest het voor.

Vier jaar geleden zaten er ongeveer evenveel jongens als meisjes in de eerste klas, maar in de laatste klas zaten bijna geen meisjes meer. Een jaar later was dat al beter, een jaar daarna nog beter, en dit jaar zitten er evenveel meisjes als jongens in de laatste klas. Ook meisjes die heel jong kinderen hebben gekregen en die weer teruggegaan zijn naar school.

Ook hier wacht ons muziek. We volgen de hoofdonderwijzer naar een lokaal. Jongens en meisjes zitten op houten banken in de kale ruimte. Ze staan op en begroeten ons beleefd.

Een meisje komt naar voren en draagt een gedicht voor dat Wilfred vertaalt. Daarna wordt er ruimte gemaakt voor de band. De jongens gaan op de grond zitten achter hun trommels. Eén jongen knielt achter een drumstel dat uit pannen die op ijzerdraad zijn vastgemaakt bestaat.

Meisjes in lange blauwe schorten stellen zich op. Als de muziek losbarst beginnen ze zo aanstekelijk te dansen en te zingen, dat Wilfred en ik vanzelf meedansen. De muziek klinkt luchtig en licht, en dat is ook de uitdrukking op de gezichten als Wilfred de tekst vertaalt: 'Wij zijn kinderen en we mogen onze stem laten horen. Als je wordt aangeraakt terwijl je dat niet wilt, moet je het zeggen. Wees niet bang. We zijn te jong om kinderen te krijgen, ons lichaam is te zwak voor het dragen van een baby. Vrij nooit zonder condoom.'

Ze lachen verlegen als we klappen.

De volgende dag rijden we door het centrum van Lilongwe, langs drukke markten waar de waar op de grond is uitgestald. We steken de brug over. Beneden bij de rivier krioelt het van de mensen. Sommigen zitten met hun voeten in het water wat te babbelen, anderen zijn spullen aan het wassen. Tweedehandsschoenen bijvoorbeeld, die daarna worden verkocht.

We rijden langs rijen bankstellen, brede fauteuils, bedden, tafels. De meubels worden langs de weg gemaakt en verkocht, net als de doodskisten die in een lange rij over de geul staan die langs de weg loopt om het water af te voeren. Mannen zijn bezig zes planken te zagen en in elkaar te zetten. Ook de kisten worden ter plekke verkocht. Nu is de verkoop iets minder, zegt Nelson, maar tijdens de pieken van het aidsdrama stonden hier drommen mensen. Naast de kistenafdeling wordt een vrachtwagen met rijst uitgeladen.

Even verderop staat een menigte mensen. Er wordt bij opbod tweedehandskleding verkocht.

Overal lopen vrouwen, kaarsrecht en achteloos met allerlei soorten spullen op hun hoofd. Mannen dragen nooit iets op hun hoofd constateer ik.

'Dat is de cultuur,' zegt Nelson.

We stoppen bij een gammel ogend gebouw met vale muren. Luide muziek klinkt uit de *bottleshop*, zoals een tent waar je wat kunt drinken hier heet. Met grote letters staat BIWI op de muur geschreven: het is een jeugdcentrum.

Ik maak een foto. Meteen komen er jongetjes aangerend die vrolijk en uitdagend poseren. Maar we komen voor de meisjes.

We gaan het jeugdcentrum in. Onder een afdak van golfplaat zitten jongens naar voetbal te kijken op een oude televisie.

De directeur, wederom een man, komt ons tegemoet, ontvangt ons in zijn minuscule kantoortje en laat ons plaatsnemen op een wankel bankje dat bestaat uit een scheve lat op twee poten. Dit centrum is hij uit idealisme begonnen. Toen hij de bottleshops bezocht, vond hij daar mooie intelligente vrouwen die zichzelf te koop aanboden. Hij wilde ze redden, hun een alternatief bieden.

Ik wil niet óver de vrouwen horen, maar de vrouwen zelf.

Ze zitten in een grote ruimte op bankjes langs de muur: mooie vrouwen van verschillende leeftijden. Een voor een staan ze op en vertellen hun verhaal. In eerste instantie lijken de verhalen op elkaar. Ouders gestorven, man liep weg, ziekte, dood, aids, armoede, prostitutie als enige uitweg. 'Soms weigerden ze me te betalen,' vertelt een vrouw in een zwart broekpak met een knap gezicht en een trotse blik. Ze is moeder van twee kinderen.

De vader is allang bij een zoveelste vrouw. Bij elke vrouw laat hij een aandenken achter in de vorm van een kind. 'Soms sloegen ze me, en ze hebben me ook beroofd van het geld dat ik bij een vorige klant had verdiend.'

Ze hoopt haar geld te kunnen verdienen met het maken van kleren. Dat vak leert ze hier. Maar er zijn maar twee naaimachines voor dertig vrouwen. Nee, ze wil nooit meer een man.

Een tengere vrouw met een baby in een doek op haar rug zegt: 'Ik heb aids. En mijn kind ook.'

Zo gaat het maar door.

Een jong meisje in een lange broek en met een gele pet op is de laatste die opstaat. Ze heet Mary en ziet eruit zoals de meisjes in Europa. Ze spreekt redelijk Engels en wil zelf het woord doen. Ze is vijftien en sinds haar negende gaat ze niet meer naar school. Haar ouders zijn overleden. Haar zusje heeft haar en haar twee broers opgevoed en was elf toen ze de rol van moeder overnam.

Haar zus ging naar de bottleshops om geld te verdienen. Als barmeisje zei ze, bier verkopen, maar ze deed meer dan dat. Toen Mary haar later opzocht, wilden mannen ook seks met haar. Twaalf was ze. Ze wilde haar zus helpen.

'En je broers?'

'Mijn broers probeerden pinda's te verkopen. Dat was moeilijk. Mijn zus en ik konden meer verdienen in de bottleshops.'

De mannen verklaren de bijeenkomst voor gesloten en zeggen dat ik buiten een foto zal maken van iedereen. Mary komt naast me zitten en pakt mijn hand. 'Ik wil terug naar school. Ik wil studeren.'

'Wat is je droom?'

'Advocaat worden. De meisjes helpen. De mannen straffen die hen slaan omdat ze weigeren seks te hebben zonder condoom.'

Ik moet nu mee naar buiten zeggen de mannen. Iedereen staat klaar voor de foto.

'Bel me alsjeblieft,' zegt ze en ze geeft me haar telefoonnummer en dat van haar zus. 'Ik wil met je doorpraten.'

De vrouwen poseren ontspannen en waardig. Jongens die

ook op de foto willen komen aangesneld. Ik zeg dat het nu om de vrouwen gaat.

Ik zou graag met Mary doorpraten, maar Nelson wacht en morgen gaan we via Lake Malawi naar het zuiden.

'Een bezoek aan Malawi zonder het meer te zien, dat kan niet,' zegt Nelson.

Het meer beslaat een derde van het land.

Zwaarbeladen fietsers trappen voort over de rode randen langs het asfalt. Vrouwen lopen fier rechtop met waar op hun hoofd en kinderen op hun rug.

We gaan voor een paar dagen naar Mulanje, in Zuid-Malawi, waar Plan ook een uitvalsbasis heeft.

'Heb jij een gezin? Kinderen?' vraag ik aan Nelson terwijl we over lege wegen rijden, door een voortdurend veranderend landschap.

'Ja, vier.'

'Een mooi aantal.'

'En nog vier erbij. De zus van mijn vrouw stierf en vroeg of ik voor haar jongste dochter kon zorgen, mijn oudere broer stierf en vroeg of ik twee van zijn kinderen wilde adopteren. Daarna overleed mijn jongste broer. Een van zijn dochters woont nu bij ons. Mijn jongste broer had zich ontfermd over mijn ouders. Ze wonen in een dorp en zijn erg arm. Nu zorg ik ook voor hen.'

Hij heeft één zoon en zeven meisjes. De zoon is de oudste en is achttien. Hij is gehandicapt. Te vroeg geboren en te laat in het ziekenhuis aangekomen. De meisjes gaan allemaal naar school.

'Ik zeg het vaak: "Jullie moeten leren anders belanden jullie in de prostitutie."'

Zijn ouders zijn trots op hem. Hij is blij met deze baan, maar het is niet genoeg. Hij heeft ook een veld waarop hij mais verbouwt. Onlangs heeft hij geoogst. Wat voldoende eten betreft is hij niet bezorgd, maar er zijn nog zoveel andere dingen. 'Ik wil dat mijn dochters door kunnen leren.'

De weg is leeg, want de mensen zijn te arm om een auto te

hebben. Af en toe komen we door veelkleurige 'business centers', zoals de verzamelingen vale bouwwerkjes met kramen ervoor worden genoemd. De kleuren van het fruit en de groente zijn fel. Net als de kleren van de verkopers. Ook de blik in hun ogen is fel, vol vechtlust om het dagelijks brood bij elkaar te verdienen.

'Veel mensen in de stad dromen ervan om naar het meer te gaan, maar zodra ze wat geld hebben geven ze het toch liever uit aan eten of dekens.'

'Ben jij er geweest met je gezin?'

'Ja. Een neef van me woont daar. Ik heb een keer al mijn kinderen in de auto geladen om bij hem te logeren. Ze praten er nog over.'

Het landschap verandert voortdurend. Soms is het kaal en weerbarstig, doordat de wouden zijn opgestookt voor warmte en voor het koken van maispap. Soms glanzen er groene bollen op een eindeloze vlakte. Dat zijn mangobomen vertelt Nelson.

Vlak bij Lake Malawi wordt het weelderig, met kolossale bomen vol oranjegele bougainville en rode kerststerren.

Het is de oprijlaan naar hotel Livingstonia, een oude koloniale villa die omgebouwd is tot hotel.

Maar ik wil de Malawische meisjes zien! Er zitten er twee bij de receptie. Ze zijn allervriendelijkst en behulpzaam.

Ik zou graag een duik nemen in het meer, maar het blijkt een kolkende zee. Aan de rand van het lege witte strand strekt een onafzienbare watervlakte zich uit. Golven met witte schuimkoppen komen aanstormen.

'Wilt u een cocktail?' vraagt een jongeman met stralende ogen.

Graag.

Even later fotografeert hij me met het tropische drankje in mijn hand en een baobabboom op de achtergrond.

Er klinkt swingende muziek. Een band van vijf mannen zorgt voor vertier voor de rijken.

En de Malawische meisjes?

Nelson voert me langs verschillende gehuchten. Er liggen uitgeholde boomstammen op het strand. Daarmee slepen ze de *chambo* binnen, de dure Malawische vis.

'*God bless bottleshop*,' lees ik hardop.

Nelson lacht cynisch. 'Zijn naam wordt misbruikt. Dit is de gevaarlijkste plek voor meisjes. De vissers hebben allemaal aids. Daarom wil ik niet dat mijn dochters hier lang blijven.'

Ik zou graag naar binnen gaan om te praten met de meisjes. Maar we moeten door zegt Nelson, het is nog een lange reis naar Mulanje.

De was hangt te drogen tussen bloeiende bomen langs de weg. Geiten grazen in de bermen.

Ik vraag of er verschil is tussen de mensen uit het zuiden en die uit het noorden.

'Ja,' zegt Nelson. 'Bij een huwelijk in het zuiden gaat de man in het dorp van de vrouw wonen. In het midden van het land geeft de man iets kleins en hij gaat ook in het dorp van de vrouw wonen. In het noorden geeft de man een paar koeien en gaat de vrouw in zijn dorp wonen. In het zuiden en het midden van het land zijn de kinderen van de vrouw. De vrouw kan ook *chief* zijn. In het noorden zijn de kinderen van de man en kan de vrouw geen chief zijn. Veel kinderen leven als wees. In het midden en het zuiden van het land loopt de man makkelijker weg naar een volgend dorp, waar hij een nieuw gezin begint, want hij heeft geen koeien geschonken.'

Het landschap verandert nog steeds voortdurend. Dan is het vlak, dan weer bergachtig. Het is een krachtig, avontuurlijk land. Ook de luchten zijn voortdurend anders.

Een lange rechte weg voert ons naar het zuiden. Op een bepaald moment vormt onze weg de grens tussen Malawi en Mozambique. De mensen uit beide landen kunnen goed met elkaar overweg. Er zijn veel gemengde huwelijken.

'Mozambikanen zijn aardig maar wel iets harder. Als een Malawiër in Mozambique bij een auto-ongeluk betrokken raakt, is hij de schuldige. Volgens de Mozambikanen heeft hij in Malawi dan niet goed autorijles gehad. Wij Malawiërs zijn niet zo. Wij onderzoeken wat er is gebeurd.' Mozambique strekt zich vele kilometers rechts van ons uit en Malawi links.

'Kijk.'

Vier vrouwen staan in kleurige kleren bij een pomp aan de rand van de weg. Een van hen duwt de hendel van de pomp op en neer. Een ander legt een doek op haar hoofd en zet daar een enorme emmer met water op. Intussen aait ze het kind dat op haar rug hangt en huilt. Ze lachen naar ons als we vaart minderen. Iets verderop tussen de bomen schemert hun dorp, dat er niet anders uitziet als Europese dorpen in de oertijd. De huisjes zijn van leem, met daken van gras en zonder elektriciteit. Sommige gehuchten zijn uren lopen verwijderd van zo'n put. Andere dorpen leven van water uit een rivier of een beek.

In de verte gaat de zon oranjekleurig onder. Het is halfzes.

En dan valt de duisternis. Alleen de koplampen van de auto zorgen nog voor licht. Nergens staat een lantaarnpaal.

'Daarginds liggen allemaal dorpen,' zegt Nelson.

Ik tuur in het duister, op zoek naar een vuur. Dit donker kennen wij niet meer. Het brengt je terug in de tijd.

'En als iemand ziek is of moet bevallen?'

'Dat is een probleem. Er zijn weinig ziekenhuizen en er is weinig vervoer. Een bekende moet je brengen. Als je niemand kent met een auto moet je gaan liften langs de weg. Een hoogzwangere vrouw nemen ze niet graag mee, want stel je voor dat ze in de auto bevalt.'

Onder aan de reusachtige berg die omringd wordt door glanzend groene theeplantages, bezoeken we vroeg in de ochtend een ander kantoor van Plan.

'Ik wil graag de meisjes ontmoeten,' zeg ik. 'Het liefst op de plek waar ze wonen.'

Daniel en Alfred, medewerkers van Plan, begrijpen me. Er volgt geen *office talk*. Maar er waren al wel wat afspraken.

Alfred gaat mee naar Zomba, een andere stad. Daar hebben

we een afspraak met de directeur van Yoneco. Met deze nonprofitjeugdorganisatie werkt Plan intensief samen.

Na een mooie tocht van een uur komen we bij een kolossaal complex waar ze nog volop aan het bouwen zijn. In een moderne ruimte achter een groot bureau zit een jonge vrouw.

Eindelijk een vrouw. Maar ze blijkt de secretaresse te zijn.

De baas, MacBain Mkandawire, verschijnt. Hij drukt ons zwierig de hand en neemt ons mee naar een nog indrukwekkender ruimte. Hij is vaak in Nederland geweest en is net terug uit Washington.

Ze hebben heel veel projecten. Onder andere een telefonische hulplijn voor de jeugd. Kinderen kunnen gratis bellen. Overal wordt er reclame voor gemaakt.

Even later lopen we een kamer binnen waar gewoonlijk zeven mensen honderden telefoontjes per dag beantwoorden.

Alfred luistert naar een gesprek dat in het chichewa gevoerd wordt door een jonge man. Hij glimlacht. Als de telefonist het gesprek beëindigd heeft, vertelt hij dat hij een meisje aan de lijn had. Ze zit op school en heeft een affaire. Hij heeft haar aangeraden met de jongen te breken.

'Kan dat niet samengaan?'

'Nee, ze is veertien. Zo meteen wordt ze zwanger en is haar leven verwoest.'

'Geld is niet het enige wat helpt,' zegt de directeur. 'We moeten investeren in kennis, vaardigheden, structuren.'

Ze kennen heel veel van dit soort meisjes. Ze zorgen ervoor dat ze weer naar school gaan, ze leren hun batikken. Yoneco heeft een muziekband opgericht waar ook jonge vrouwen deel van uitmaken. De band zingt zelfgeschreven liederen op allerlei manifestaties.

We gaan de band opzoeken in een van de jeugdcentra en passeren een lange rij opvallend mooie witte huisjes met struiken vol kerststerren ervoor.

'Daar woont de politie.'

Twee schattige meisjes komen ons tegemoet, in jurkjes en op

blote voeten. Op hun hoofd dragen ze een teil met flesjes melk erin.

Ik maak een foto. Ze lachen naar me.

De directeur van Yoneca vraagt hun wat. Ze zwijgen. Hij vraagt door. Ze worden verlegen. Zijn toon lijkt streng.

Even later zegt hij: 'Dat is niet schattig en het is geen melk. Ze zijn tien en elf. Ik vroeg of ze naar school gaan. Het antwoord is nee. Ze moeten dat meelbrouwsel verkopen, worden gedwongen door hun familie. Er is hier geen respect voor kinderen en zeker niet voor meisjes. Ik kwam hier 's ochtends vroeg regelmatig meisjes tegen die uit de stad terugkeerden. Die hadden daar de nacht doorgebracht. Of ik zag ze vertrekken aan het begin van de avond, zogenaamd om donuts te verkopen. Familieleden spelen soms een kwalijke rol. Ooms en tantes gebruiken de meisjes als huishoudhulp, voor bijna niks.

's Ochtends vroeg zie je trouwens overal op straat slapende vrouwen. Ze zijn ooit naar de stad gegaan om hun geluk te beproeven. Soms zijn ze verstoten, beticht van hekserij.'

Er klinkt ritmische muziek in het jeugdcentrum. Een jonge vrouw laat veelkleurige, gebatikte stoffen zien. De meisjes, allen wees en alleenstaande moeder, leren hier hoe je van die stoffen kleren maakt. Ze kunnen hier ook Engels leren.

We gaan op de muziek af. In een kleine ruimte speelt de zevenkoppige band. Er zijn een paar vrouwen bij. Een zit achter de drums, een andere bespeelt de elektrische gitaar en een derde zingt. De bandleden componeren hun eigen muziek en schrijven hun eigen teksten.

Maar ik wil graag zien waar ze vandaan komen, die meisjes, hoe ze leven.

De jeep gaat een zijweg in, een rood pad vol kuilen en hobbels dat dwars door de wildernis van weerbarstige struiken loopt, over een riviertje waarover planken zijn gelegd. Vrouwen doen er de was.

Na een tijdje schemeren lemen hutjes door de struiken.

Onder een weelderige struik met kerststerren zitten kleine jongetjes te spelen. Ze kijken nieuwsgierig. Als ik een foto maak, lachen ze en poseren als vanzelf.

We wandelen verder door de rimboe van woest gewas en bananenbomen. Uiteindelijk komen we bij een paar lemen huisjes. Geiten scharrelen er rond, kippen, een trotse haan. We zien een vrouw met een teil op het hoofd, meisjes met keukengerei. Jongens zijn aan het voetballen.

Kinderen komen op ons af, er zijn meer jongens dan meisjes. Alfred informeert of ze naar school gaan. Bijna niet een. Waarom niet? Omdat hun ouders niet gingen, omdat ze niet weten waarom wel, omdat het te ver is. Ze lopen allemaal op blote voeten.

Een baklucht dringt onze neus binnen.

Achter een klein huisje is een jonge vrouw met een kind in een doek op haar rug op een vuur van een paar stukjes hout iets aan het bakken in een lemen pot.

Ze heeft een mooi gezicht met harmonieuze trekken en grote ogen.

Ze bakt *kanena*, oranjekleurige hartige koekjes van meel, peper, zout en kleine gedroogde visjes. Daar verdient ze haar geld mee. Haar zusje van negen verkoopt ze aan de kant van de weg.

Ik koop er een paar, voor 2 kwacha, dat is ongeveer 1 cent per stuk. Ze smaken goed.

Zafira heet ze. Ze is gestopt met school toen ze op haar veertiende zwanger werd. Ze giechelt als ik vraag waar haar man is. Die is er niet. Ze woont bij haar moeder, die een kind van dezelfde leeftijd op haar rug heeft.

Ik vraag hoe ze haar toekomst ziet. Ze lacht. Ze weet het niet.

Ze heeft een eigen huisje waar ze woont met haar kind. Ze laat het zien. Het is er donker. Ik verlicht het met mijn telefoon. Het is ongeveer twee meter bij anderhalf. Op de kale grond ligt een opgerolde mat. Tussen de lemen muren is een touw gespannen waar babykleertjes aan hangen en een plastic zak met wat spulletjes. In de hoek staat een teil met water waar een plastic bekertje in drijft. Er is geen raam, want dan wordt het te heet in de zomer en te koud in de winter.

Het kindje op haar rug hoest.

Bij de lunch genieten we van de onvermijdelijke *nsima*, het maisgerecht met veel groenten, bonen, paddenstoelen en pompoenbladeren. Ik ben inmiddels gewend om met de hand te eten. De eerste keer dacht ik: wat is die ober traag met het bestek. Nadat we onze handen hebben gewassen vallen we aan. Ze kneden de nsima, masseren het voordat ze het in hun mond stoppen. Ik doe het ook, zo achteloos mogelijk. Het voelt vanzelfsprekend en natuurlijk.

Nelson parkeert de jeep tussen de kerststerren bij het gebouw van Wilsa, een vrouwenrechtenorganisatie.

In de ruimte waarvan alle muren zijn beplakt met affiches zit een man. Dat zal toch niet.

'De directrice moest onverwacht weg,' vertelt hij.

Is er niet een andere vrouw met wie ik kan praten? Katherina is er wel, zij beheert de financiën.

Ik kijk naar de affiches en lees de teksten. *De wet verbiedt seks met schoolmeisjes – Een wijs man vecht niet met zijn vrouw – Stop gender violence – Als een schoolmeester zich misdraagt, mag dat niet geheim blijven – Een kind dat goed wordt grootgebracht, zonder geweld, met goede voeding en een goede school, heeft een betere toekomst.*

Katherina verschijnt, ze is een grote stevige vrouw met een al even krachtige uitstraling. Er is nog heel veel te doen zegt ze.

Ze zijn druk bezig om de antiabortuswet af te laten schaffen. Een meisje kan zeven jaar gevangenisstraf krijgen. Er is hier een schrikbarend hoge kraambedsterfte, door de illegale abortussen en doordat meisjes veel te jong zwanger raken.

Ook binnen het huwelijk is het een probleem. De man wil meestal niet meewerken aan geboortebeperking. Hij beroept zich op de Bijbel.

Ze vechten door. In 2006 is de wet tegen huiselijk geweld aangenomen. Men vond het gewoon dat een man zijn vrouw sloeg. Het mannelijke superioriteitsgevoel zit diep. Meisjes moeten helpen met wassen, koken, water halen. Jongens mogen spelen. Veel mensen weten niet wat er in de grondwet staat. Wilsa geeft voorlichting aan magistraten, politici en politie over huiselijk geweld. Zelfs de politie weet er niks van of speelt onder één hoedje met de mannen.

'Er heerst een zwijgcultuur. Vrouwen durven zich niet uit te spreken omdat ze niet weten hoe ze in hun levensonderhoud moeten voorzien als het misgaat. We werken met leningen om hun de kans te geven iets op te bouwen. Op onze voorlichtingsbijeenkomsten werden ze vergezeld door hun echtgenoot. Maar die mannen kwamen mee om het geld in te pikken. Nu zijn de bijeenkomsten alleen toegankelijk voor vrouwen.'

Eindelijk loop ik zelf over de rode zomen langs het slordige asfalt van de hoofdstad. Ik wilde niet met de chauffeur op pad, maar alleen. Mijn in sandalen gestoken voeten raken bedekt met het rode zand. Ik loop over de markt, waar ik een ketting koop van lichte en donkere bonen en een flesje sap van de baobabvrucht drink.

De huisjes en kramen worden schaarser. Ten slotte zijn er alleen nog struiken en bomen aan weerskanten van de weg, soms met felkleurige bloemen.

Na een flinke wandeling bereik ik de ingang van het Lilongwe Wildlife Centre. In een open hokje dat beplakt is met foto's van dieren zitten twee meisjes van een jaar of twintig, gehuld in hetzelfde groene T-shirt. Ze kijken me vrolijk en nieuwsgierig aan.

Ik vertel dat ik over deze plek heb gehoord van Mercy.

'Hoe gaat het met haar?' vragen ze. 'Vroeger kwam ze hier vaak. Ze herkende zich in de bevrijde dieren.'

De meisjes willen me graag rondleiden.

Als we op pad gaan komen ons een paar aapjes tegemoet gerend.

'Kijk uit voor je tas.'

In goed Engels vertellen ze over het centrum. Dieren die weer zijn opgeknapt worden teruggezet in de natuur. Dat kan niet met alle dieren. Kambuku de jachtluipaard bijvoorbeeld, blijft hier wonen. Zijn poot is te zwaar beschadigd doordat hij in een val van stropers terecht is gekomen. Veel van de aapjes gaan wel weer de natuur in. Evenals de kleine krokodil, zodra hij sterker is. En het bushbabyweesje waarvan de moeder door een auto is overreden eveneens. We lopen langs herten, een boa constrictor en een hyena die als een brave hond ligt te slapen.

Ten slotte nemen ze me mee naar Bella, een leeuwin die onlangs bevrijd werd uit een Roemeense dierentuin, waar ze een oog is kwijtgeraakt door de vrieskou. Ook zij kan niet meer in het wild leven. Behalve dat ze een oog mist, is ze veel te tam.

Als we bij Bella aankomen, ligt ze op haar rug te baden in de zon midden op het grote terrein dat ze helemaal voor zichzelf heeft.

'Er komen veel schoolklassen. We leren hun over de dieren en we merken dat hun houding ten opzichte van de dieren verandert. Er worden bijvoorbeeld geen aapjes meer verkocht langs de weg.'

'En gaat het ook beter met de Malawische meisjes?'

Ik vertel over mijn ontmoetingen en dat ik de meisjes hun moeders zag helpen terwijl de jongens speelden.

Ze lachen. '*This is Africa.*'

Ik vraag wat hun toekomstplannen zijn. Ze willen wel trouwen maar voorlopig niet, en ze willen hun eigen geld verdienen.

'In de dorpen gaan de veranderingen langzamer. Daar hebben ze vaak geen televisie, geen radio, geen internet. In de stad gaat het sneller. Veel meisjes willen niet zo'n leven als hun moeder heeft. Mijn moeder was voortdurend zwanger omdat mijn vader bang was dat ze het anders met een andere man ging doen.'

'En hoe reageren de jongens?'

Ze lachen.

'Die zijn bang voor sterke meiden. Ze moeten nog meer hun best doen.'

Bella heeft zich opgericht en komt met soepele tred op ons af. Ze kijkt ons goedmoedig aan met haar ene oog.

De meisjes steken hun hand door de grote openingen van het gaas en aaien haar over haar kop.

Jelle Brandt Corstius – Ethiopië

In Awassa

Mijn chauffeur heette Tezazu. Hij was wat laat, maar dat kwam door een communicatiefout. In Ethiopië gaat het klokkijken namelijk op een andere manier dan bij ons. Als de zon opkomt is het twaalf uur, als de zon een uur schijnt is het één uur, als de zon twee uur schijnt is het twee uur enzovoort. Zodra de zon ondergaat begint het tellen opnieuw. Best logisch eigenlijk, als je erover nadenkt. Maar het werkt natuurlijk alleen als je geen last hebt van seizoenen. Ethiopië, in de buurt van de evenaar, heeft dat inderdaad niet. Tezazu reed van de hoofdstad Addis Abeba in de richting van Awassa, in het zuiden van Ethiopië, over de grote weg van Caïro naar Kaapstad. Wie denkt dat Ethiopië een land is met één volk en één taal heeft het mis. Alleen al de provincie waar Awassa in ligt telt vijfenveertig verschillende volkeren. Tezazu kwam uit het noorden van Ethiopië, uit de stad Dessie, waar volgens hem de mooiste vrouwen van Ethiopië vandaan komen.

De levensloop van Tezazu is als een korte geschiedenis van het land zelf. Terwijl hij de vervaarlijk rijdende vrachtwagens en minibusjes ontweek (die respectievelijk Al-Qaida en Hamas worden genoemd), deed hij zijn verhaal. Zijn vader had al acht vrouwen versleten, maar met geen van hen kon hij kinderen krijgen. Toen ontmoette hij de toekomstige moeder van Tezazu, en een jaar later was hij geboren. Zijn naam Tezazu betekent Gods wil in het Amhaars, de officiële taal in Ethiopië.

De vreugde van de vader was maar van korte duur; toen Tezazu een jaar oud was kwamen de communisten aan de macht, ten koste van keizer Haile Selassie, en moest zijn vader zijn landgoed inleveren in het kader van de collectivisatie van de grond. En net als in de Sovjet-Unie en Cambodja liep dat desastreus af, met de hongersnoden in de jaren tachtig tot gevolg.

Terwijl Tezazu zijn verhaal deed, reden wij door onvoorstelbaar vruchtbaar land, groen en weldadig. Iedereen heeft bij Ethiopië associaties met kinderen die opbollende buikjes hebben door hongeroedeem, met grote bruine ogen waar vliegen omheen zwermen, liggend op een kale stoffige vlakte. Het geeft niet dat u die associaties hebt, ik had ze zelf ook. Het beeld van Ethiopië is nou eenmaal dat van de Live Aid-inzamelingsactie in de jaren tachtig (onlangs kwam de BBC met het nieuws dat door de opbrengst van de actie de oorlog alleen maar langer heeft geduurd). Veel landen hebben last van een onterecht slechte reputatie, maar Ethiopië spant de kroon. Het mag dan nog wel een arm land zijn, er is echt geen hongersnood meer. En er mogen dan stoffige vlaktes zijn, een groot deel van het land is schitterend groen en vruchtbaar.

Na het verhaal over zijn vader werd Tezazu even stil, en stopte hij een cassette in de speler en zong hard een lied mee van de zangeres Amsale Meteke. 'Dit nummer gaat over Ethiopian Airlines, onze trots.' Er zat ook een verwijzing in naar de duizenden Ethiopiërs die in de laatste twintig jaar om economische of politieke redenen het land waren ontvlucht. Het refrein luidt: 'Er komt een dag dat jullie alle emigranten terug naar hun moederland zullen vliegen.'

We kwamen aan in Awassa, de hoofdstad van de provincie met de onmogelijke naam Yedebub Biheroch Bihereseboch na Hizboch. Als je nog verder rijdt ben je in Kenia. Die avond at ik mijn eerste Ethiopische pannenkoek, niet wetend dat ik de rest van mijn reis niets anders voorgeschoteld zou krijgen. Ik bestelde *kitfo*, eigenlijk gewoon omdat het zo leuk klonk. Erbovenop lag een berg met rauw vlees en wat spinazie. Al het eten wordt geserveerd boven op deze pannenkoek, die *injera* heet. Het is de bedoeling dat je met je rechterhand (je linkerhand is ergens anders voor) een stukje van de injera afscheurt en dat samen met wat vlees of groente in je mond stopt. De pannenkoek is tegelijkertijd je bord en je bestek. Het viel mij op dat ik na een lunch met injera totaal geen honger meer had.

De hele week lunchte ik, en 's avonds at ik niks. Terug in Nederland heb ik diepgravend onderzoek gedaan naar dit fenomeen (lees: ik heb Wikipedia geraadpleegd). Wat bleek: de injera is gemaakt van teff, een soort gewas. Heel Ethiopië is aan de teff. Je kunt aan de kleur van de teffpannenkoek zien hoe rijk iemand is. Hoe witter de teff, des te rijker de eigenaar.

In teff zitten veel complexe koolhydraten die heel erg langzaam door je lichaam worden afgebroken. Dat verklaart het volle gevoel. En het verklaart ook het succes van de Ethiopische marathonkampioen Haile Gebrselassie (dat en het feit dat hij altijd te laat was voor school en het hele eind moest rennen). Dus iedereen die van zijn of haar buikje af wil, hier mijn advies: ga overdag naar een Ethiopisch restaurant en bestel een injera, dan hoef je de rest van de dag niet meer te eten.

Awassa is een prettige provinciestad, er loopt een grote brede boulevard doorheen die eindigt aan de oever van het Awassameer. Elke dag, rond een uur of vijf 's middags, als de Afrikaanse hitte verdwijnt, flaneren de bewoners van Awassa op de boulevard, waar het op dat moment krioelt van de verkopers met geroosterde en gekookte maiskolven, en mannen met weegschalen waarop je je kan laten wegen. De jeugd vermaakt zich aan de pingpongtafels langs de weg, vaak zonder netje. Als ik erlangs liep, werd ik altijd uitgenodigd om mee te spelen; altijd verloor ik, tot plezier van de kinderen.

's Avonds bezocht ik een koffieceremonie waar ook aidsvoorlichting wordt gegeven. Dat klinkt als een rare combinatie, maar dat is het niet. Koffie houdt Ethiopië bij elkaar. Dat is ook niet zo gek: de koffiecultuur heeft haar oorsprong in Ethiopië. De eerste meldingen van het drinken van koffie zijn te vinden in geschriften uit de vijftiende eeuw. Waarschijnlijk vindt het woord 'koffie' zijn oorsprong in Kaffa, een Ethiopische provincie waar nog steeds de beste koffie wordt geproduceerd. Tegenwoordig is Ethiopië de op vier na grootste producent van koffie ter wereld.

Koffie diende als een soort smeerolie bij de kennismaking, en sindsdien is die traditie over de hele wereld verspreid. Je zal in Nederland raar opkijken als niemand je een kopje koffie aanbiedt bij een zakelijke ontmoeting. Het Ethiopische koffieritueel is echter een stuk uitgebreider dan het gebruik van onze Douwe Egberts-automaat. De koffie wordt voor je neus bereid, vanaf de rauwe boon.

Terwijl vrijwilligers aan het klooien waren met de luidsprekers, waardoor via luide muziek reclame gemaakt moest worden voor het koffieritueel, nam het meisje dat het ritueel zou leiden – in de regel het knapste meisje van het dorp – plaats in het midden van de ruimte, omringd door bloemblaadjes, wierook en popcorn, die vrijwel altijd bij de koffie wordt geserveerd. Ze pakte een zakje met bonen en roosterde de bonen in een pannetje. Eenmaal geroosterd liep ze met de bonen door de zaal zodat iedereen het heerlijke aroma kon ruiken en verdween achter het huis, waar zij de bonen fijnstampte. De koffie verdween vervolgens in een gracieus koffiekannetje. De tuit was lang en dun, zodat het koffiegruis in het kannetje bleef.

Terwijl de koffiejuffrouw hiermee bezig was, hadden de vrijwilligers de muziek min of meer aan de praat gekregen en druppelden de jongeren binnen. Iemand had een brood meegenomen met daarop de teksten *Love* en *Peace*. Er was een quiz met vragen over hiv en aids, en een toneelstuk van twee jongeren die zogenaamd onveilige seks bedreven, tot grote hilariteit van de zaal. Alles werd op een volstrekt natuurlijke manier besproken.

Al duizend jaar komen de dorpelingen samen om hun gemeenschappelijke problemen te bespreken onder het genot van een kopje koffie. En met de tijden veranderen de problemen:

naar schatting 1,4 procent van de Ethiopische bevolking is hiv-positief.

De volgende dag hoorde ik dat er in de buurt van Awassa een dorp lag waar de lange ronde schalen waarop de injera worden gebakken gemaakt worden. Ik ontbeet in het hotel dat een Italiaanse eigenaar heeft. Hoewel Ethiopië nooit door enig land is gekoloniseerd, is het wel korte tijd door Mussolini bezet geweest. Daar is echter weinig meer van te zien, los van het ciao dat mensen roepen ter afscheid, en de menukaart, waar spaghetti en macchiato op prijken.

Wij zetten koers naar het dorp Sheklashifer. Armoede in Ethiopië uit zich niet in bedelaars en verval, maar is subtieler. Als je Ethiopië vergelijkt met Indonesië, waar ik veel heb gereisd, vallen een paar dingen op. In Indonesië hebben de weinige rijken auto's en verplaatst de rest van de bevolking zich op brommers waar vaak een hele familie op past. Op de wegen van Ethiopië zie je ook niet veel auto's maar er zijn helemaal geen brommers. De wegen werden bevolkt door hordes wandelaars die met huisraad op het hoofd naar de markt in het volgende dorp lopen.

Ook de mobiele telefoon, die zelfs in Indonesië nog tot de armsten is doorgedrongen, ontbreekt. Ik moest een paar keer op mijn reis mijn mobieltje overhandigen aan nieuwsgierige kinderen.

Lang voordat we het dorp bereikten reden wij langs de kleigronden waar de bewoners hun klei ophalen om de borden van te boetseren. Half onder de grond zat een man samen met een kind van een jaar of zes de klei uit te hakken. Beiden waren bedekt met een dikke laag poeder van droge klei. De man vertelde dat hij elke dag 600 kilo uit de grond hakte. Hoeveel het kind verdiende werd niet duidelijk. De man vertelde dat zijn voorouders al op deze plek klei uit de grond hakten, en dat ging zoveel generaties terug dat de man niet wist wanneer het allemaal was begonnen. Tot aan de horizon waren de gaten te zien die de voorouders hadden achtergelaten.

De man gooide een laatste mand met klei op een wagen. Twee ezels sjouwden met moeite de wagen met 300 kilo klei een heuvel op. Wij volgden de kar naar Sheklashifer.

Bij een traditioneel rieten huis was een jong meisje bezig uit klei een bord vorm te geven. De borden worden niet gebakken maar gedroogd in de hete Ethiopische zon. Niet voor niets noemen de Ethiopiërs hun land 'het land van dertien maanden zonlicht'. Het meisje heette Amarech en was vijfentwintig jaar oud. Haar levensloop geeft een idee van het harde leven in Zuid-Ethiopië. Ze woonde haar hele leven in dit dorp; haar eerste bord boetseerde ze toen ze zes was. Amarech was nooit naar school gegaan en wist niet hoe ze moest lezen of schrijven; op haar vijftiende trouwde ze. Op een goede dag bakt ze tien injeraborden, waar ze 80 eurocent mee verdient. Daar moet ze haar gezin mee onderhouden. In haar huis hingen de borden die al af waren te drogen. Achter de borden, in de hoek van de hut, lag een oud matras waar de hele familie op sliep.

Zonder de meute dorpsbewoners die zich buiten rond ons had verzameld, werd zij opener: 'Natuurlijk zou ik het liefst naar een andere plek gaan, maar pottenbakken is nou eenmaal het enige wat wij kunnen.' Later begreep ik dat Ethiopiërs neerkijken op pottenbakkers. Zij zijn als het ware de putjesscheppers van Ethiopië. Het is werk voor de volkeren waar op neer wordt gekeken, zoals de Woleyta.

Maar net als overal in Ethiopië vond ik in alle ellende een sprankje hoop. Aan de rand van het dorp hadden dorpsbewoners een coöperatie gevormd. Bashuri Kotey stond aan het hoofd ervan en rende van hot naar her. Het was marktdag en alle potten en borden moesten worden getransporteerd. In de pauze vertelde Bashuri over zijn leven. Net als veel Ethiopiërs weet hij niet wanneer hij werd geboren, zijn ouders hebben nooit aangifte gedaan. Op zijn achttiende trouwde hij met zijn vrouw, die terwijl hij vertelde aan zijn voeten de laatste hand legde aan een schitterende vaas. Achter hen was een van zijn acht kinderen bezig met een kachel.

De coöperatie is een succes; samen kunnen de dorpsbewoners goedkoper de grondstoffen kopen, en ze kunnen voor elkaar invallen bij ziekte of geboorte. Toch heeft Bashuri nog steeds problemen omdat hij hoort bij een etnische groepering die als minderwaardig wordt gezien. De etnisch dominante Sidama wilden ook wat zien van de winst van de bloeiende coöperatie en hieven sinds kort een zelfverzonnen belasting op alle omzet. Bashuri praatte liever over zijn gezin.

Terwijl zijn zoon een schoorsteenpijp aan de kachel bevestigde, vertelde Bashuri dat hij graag elektricien zou willen worden. Op de achtergrond zong Bob Marley 'No woman no cry'. Bob Marley is populair in Ethiopië, net als andere Jamaicaanse zangers. En sinds keizer Haile Selassie een bezoek bracht aan Jamaica en het prompt na een lange droogte weer begon te regenen, is die liefde geheel wederzijds. Een cult van Jamaicaanse aanbidders van de Ethiopische keizer, die oorspronkelijk Ras Tafari heette, was geboren. Selassie schonk een stuk land aan deze rastafari's, niet ver van Awassa. Daar wonen nog steeds Jamaicanen.

Verontwaardigd vertelde Bashuri dat zijn twee jongste dochters niet besneden zijn. Volgens Bashuri kwamen besnijdenissen nog veel voor in het dorp, hoewel het voor de wet intussen een illegale praktijk is: 'Het is beter voor de vrouw. Een besneden vrouw kookt beter en maakt beter schoon. Zo is het nu eenmaal.' Zijn vrouw, die met een pen een zigzagpatroon groefde in het verse aardewerk, knikte instemmend en voegde toe: 'Mijn dochters vinden het prima dat ze niet besneden zijn. Ik denk daar anders over. Maar als ik er iets over zeg, zeggen ze grappend: "Pas maar op, als jullie ons laten besnijden geef ik je aan bij de politie!"'

Tussen de eenvoudige rieten hutten stond een nieuw huisje, gemaakt van stevige klei. Op het dak glansde nieuwe golfplaat. Op de patio was een kleine jongen bezig een nieuw injerabord te maken. Trots kwam de vader naar buiten en stelde zich voor als Zenebe Mendedu; hij vertelde dat zijn zoon al sinds zijn zesde borden maakte. Hij is nu acht. Geld voor school was er niet; de schamele opbrengst van de borden ging naar de bouw van het huis van klei. Vier jaar had Mendedu elke birr die binnenkwam opzijgezet en zo voor het huis gespaard, en dat zou nog wel even doorgaan, want het huis was nog niet helemaal af, zo liet hij zien.

Zodra het huis af was, zou Mendedu overwegen om geld te gaan sparen voor het onderwijs van zijn zoontje. Ik vroeg hem waarom hij als enige in het dorp een huis had.

'Iedereen denkt dat dit werk tijdelijk is, en dat ze vroeg of laat wel kunnen vertrekken uit dit dorp. Ik denk het niet. Daarom heb ik dit huis gebouwd. Voor mijzelf en voor mijn kinderen,' antwoordde hij, wijzend naar zijn met klei besmeurde zoontje die met geroutineerde bewegingen aan een nieuw injerabord begon.

Onderweg naar de markt, waar de borden uiteindelijk worden verkocht, moest ik denken aan een vluchtelingenkamp in de buurt van Ramallah in de Palestijnse gebieden. Ik was er met een uitwisseling van journalistiekstudenten en we brachten zowel een paar dagen door in Jeruzalem, waar we praatten met Israëlische journalistiekstudenten, als in Ramallah, waar we praatten met Palestijnse journalistiekstudenten. We brachten een extra nacht door in Ramallah; de Israëlische soldaten vonden een van de Palestijnse vrouwen namelijk verdacht gekleed en gooiden de grens dicht, waardoor onze groep noodgedwongen een extra nacht in Ramallah door moest brengen. De omstandigheden in het vluchtelingenkamp waren beroerd, wat niet zo gek is, want dit kamp bestond al sinds 1948. Waarom bouwden ze er geen fatsoenlijke huizen, vroeg ik. Die Saudi's schonken miljoenen aan de Palestijnen voor moskeeën, dan konden ze er toch zeker ook wel wat huizen neerzetten? 'Zodra wij hier een huis bouwen, laten we aan de Israëli's zien dat wij niet meer van plan zijn terug te keren naar huis. Dat nooit,' was kort gezegd het antwoord. En nu wordt dus de derde generatie kinderen geboren die nooit hun thuisland hebben gezien.

Het is een moeilijk moment, als je weet dat er geen andere toekomst voor je is weggelegd dan pottenbakken. Vandaar dat Mendedu een fatsoenlijk dak boven zijn hoofd verkoos boven onderwijs voor zijn zoon. Ik vroeg mij af of ik hetzelfde zou hebben gedaan.

De borden worden uiteindelijk niet verkocht door de Woleyta, die de borden bakken, maar door de Sidama. Zij hebben op de markt de grootste winstmarge in het productieproces. Een Sidama-vrouw met koffiekannetjes van dezelfde soort als het kannetje waar ik de dag ervoor heerlijke koffie uit had gedronken, gaf na lang aandringen prijs dat zij de kannen voor 1 birr inkoopt en voor 3 birr verkoopt.

We gingen de weg af en reden de jungle in ten zuiden van Awassa, in de richting van de grens met Kenia. Het regenseizoen was nog niet begonnen, maar nu al was de aarden weg moeilijk begaanbaar met een fourwheeldrive. In het regenseizoen is dit gebied helemaal geïsoleerd van de buitenwereld.

We waren op weg naar de ouders van een meisje dat door haar schoolmeester was verkracht. Eerder in Awassa sprak ik de onderwijsspecialist van het regionale Plan-kantoor. Hij vertelde dat geweld tegen kinderen helaas nog steeds veel voorkomt: 'Op school komen vaak lichamelijke straffen voor. Slaag met stokken, en ook beledigingen zijn normaal.'

Seksueel misbruik komt eveneens veel voor, vooral onderweg naar school. Vaak moeten meisjes urenlang door de wildernis lopen en lopen zij gevaar verkracht te worden. Soms krijgen ze na afloop van een verkrachting geld om hen stil te houden. Soms gaat dit gepaard met dreigementen. Normaal komt dit niet naar buiten. In het geval van seksueel misbruik door leraren blijft het vaak geheim doordat de slachtoffertjes hogere cijfers krijgen. En als zij wel klagen, dwingen leraren hen sommige examens opnieuw te doen. Maar stapje voor stapje gaat het beter. Sinds kort doen veel ouders aangifte na de verkrachting van hun dochters.

Zoals Hamati en Letima, die buiten hun hut op een bankje zitten. Het dorp ligt hoog in de bergen en hier is het koel genoeg voor de teelt van de Ethiopische koffie, 's lands belangrijkste exportproduct. Behalve koffie verbouwt het echtpaar voor eigen verbruik mais en de zogenaamde valse bananenboom, waar een soort brood van wordt gemaakt. Zij verbouwen net genoeg om zichzelf en hun vijf kinderen te kunnen onderhouden.

Nebira, een van hun vijf kinderen, verblijft tijdelijk bij familie in Awassa, om bij te komen van de gebeurtenissen van een jaar geleden. Op een ochtend, toen Hamati op de markt was en Letima op het veld werkte, werd Nebira verkracht door een leraar van haar lagere school. Letima betrapte de leraar op heterdaad, maar de leraar wist te ontvluchten. Toen deed het echtpaar iets revolutionairs, voor het dorp tenminste. Letima: 'Wij deden aangifte bij de politie. Dat is ongebruikelijk, normaal worden dit soort zaken opgelost door een raad van dorpsoudsten. Bij een verkrachting is de normale straf hooguit een geldboete. Tot overmaat van ramp adviseren de dorpsoudsten gewoonlijk ook nog dat het meisje met haar verkrachter trouwt, aangezien niemand haar meer wil hebben omdat ze is aangetast in haar reinheid.'

Dankzij de aangifte van het echtpaar zit de dader nu een straf uit van vijftien jaar in de gevangenis van Addis Abeba. Maar helaas vormt het geval van dit echtpaar nog steeds een uitzondering in Ethiopië. Ongelooflijk genoeg was de tante van Nebira getuige in de rechtszaak, terwijl zij de verkrachting helemaal niet had gezien. Het is tekenend voor het zwakke Ethiopische rechtssysteem, dat zowel slachtoffers als daders geen kans geeft op eerlijke rechtspraak.

De ouders van Nebira hopen dat hun dochter snel weer terug kan keren naar het dorp. Makkelijk zal de terugkeer niet zijn, al is het contact met de raad van dorpsoudsten nu wel beter. Intussen maken de ouders zich zorgen over hun andere dochters. 'We zorgen dat zij zo veel mogelijk thuis zijn en nooit op jongens afstappen. Daardoor wordt hun jeugd weliswaar wat saaier dan die van hun leeftijdsgenootjes, maar ook veiliger.'

Datzelfde rechtssysteem speelt ook parten in het dorp Gupalo. Vijf maanden geleden heeft een dorpsgenoot iemands dochter verhandeld. Inmiddels is de dochter terecht, maar de dader is alweer op vrije voeten, vertelt een oudere vrouw met woedende uithalen. Bij elke uithaal loeit een koe in de ruimte naast ons, bij wijze van ondersteuning.

Het verhandelen van Ethiopische kinderen is een ernstig probleem. Kinderen van het platteland worden verhandeld naar grotere steden, zoals Awassa en Addis Abeba, waar zij tewerk worden gesteld als dienstmeid en waar vaak seksueel en fysiek geweld voorkomt.

Meestal gebeurt dit onder valse voorwendselen, en met toestemming van de ouders, en zelfs van het kind; allen hopen op een beter leven. Eenmaal ver van huis is het kind kwetsbaar voor misbruik. Kinderen worden ook naar andere landen verhandeld en komen daar vrijwel altijd in de prostitutie terecht. Precieze cijfers zijn er niet, maar alleen al uit de stad Dire Dawa werden in 2003 duizend kinderen verhandeld naar het Midden-Oosten, volgens een studie van de International Labour Organization.

Haar dochter van veertien werd verhandeld als dienstmeid in Awassa. Via via kwam zij de dader op het spoor, die algauw voor de rechtbank moest verschijnen. Op de dag van de rechtszaak bracht de verdachte vijf kinderen mee, van wie zij beweerde dat het haar eigen kinderen waren en dat ze zouden omkomen van de honger als zij in de gevangenis zou belanden. Om die reden liet de rechter haar weer vrij. Nu woont ze een paar huizen verderop: 'Ik zie haar als moordenaar. Zij heeft mijn kind verhandeld, waardoor die een jaar school heeft gemist en voor de rest van haar leven een trauma heeft.' Na het proces bekogelde de vrouw haar dochter elke keer als zij elkaar tegenkwamen met stenen, waardoor de situatie onhoudbaar werd.

We rijden verder, op weg naar een vrouw die haar hele leven vrouwen heeft besneden. Nu doet ze dat niet meer; tegenwoordig staat er een gevangenisstraf van drie tot zes maanden op het besnijden van meisjes. De belangrijkste reden dat besnijdenis nog steeds plaatsvindt, is de druk van vriendinnetjes die wel zijn besneden. Vaak gaan jonge meisjes zelf naar een vrouwenbesnijder toe, omdat zij bij hun besneden vriendinnen willen horen. Zij houden zelf de situatie in stand. Nu de besnijdenis veelal in het clandestiene circuit gebeurt, is het risico op complicaties veel groter. Soms besnijden meisjes zichzelf, met alle gevaren van dien.

'Ergens in het dorp schijnt een onbesneden vrouw rond te lopen,' vertelt de zestigjarige Dashuri Naro. Alle omstanders die zich tijdens het gesprek om ons heen verdringen – privacy bestaat niet in Afrika – lachen. Een vrouw die zich vrijwillig onbesneden laat, moet je je voorstellen!

Ik ben in het dorp Remeda in het zuiden van Ethiopië. In de hut van Dashuri om precies te zijn. Bij de hut is een veldje met een valse bananenboom. In veertig jaar besneed Dashuri meer dan achtduizend meisjes. 'Hier in het zuiden valt het nog mee hoor, wij snijden de clitoris er alleen af. In het noorden, in de buurt van Somalië, naaien ze ook nog eens een gedeelte van de vagina dicht.' Dashuri vertelt op licht beschaamde toon over haar praktijk, maar niet omdat ze dat voelt, maar omdat ze aan mijn gezicht afleest wat ik ervan vind: een goede journalist oordeelt niet en relativeert alles, maar iedereen heeft zijn grenzen. Met tegenzin vertelt ze over haar praktijk. Dat besnijdenis sinds een paar jaar verboden is en streng wordt bestraft. Hoe zij binnen een paar seconden, met een scheermesje en zonder verdoving, de meisjes – vaak van een jaar of zes – beroofde van seksueel genot voor de rest van hun leven. Dat dit al sinds mensenheugenis gebeurt. En dat het, in tegenstelling tot wat wij in het Westen denken, niets te maken heeft met geloof. De meerderheid van de

Ethiopiërs in het dorp is protestants, een paar zijn Ethiopisch orthodox. Niemand is moslim.

Waarom worden vrouwen eigenlijk besneden? Iemand uit de luisterende menigte mengt zich in de discussie: 'Omdat onbesneden vrouwen snel geëmotioneerd raken en met keukengerei gaan gooien!' De rest van de groep knikt instemmend. En hoe staat het dorp er nu dan voor, sinds er al een paar jaar geen meisjes meer besneden worden? Nou ja, officieel dan, want nog steeds melden meisjes zich vrijwillig bij de hut van Dashuri Naro. De oude vrouw moet even nadenken: 'Dat valt eigenlijk wel mee. Ik denk dat onze tradities niet juist waren.' Ik kan moeilijk aan haar gezicht aflezen of ze het meent. Ze doet haar verhaal in het Sidama, dat naar het Amhaars en dan naar het Engels wordt vertaald, dus dat is niet al te betrouwbaar.

Bij het verlaten van het dorp wijst iemand ons op de vrouw die zich vrijwillig onbesneden liet. Ze loopt hand in hand met haar man langs de weg met een bundel valse bananenbladeren op haar hoofd. Terwijl het hele dorp zwaait naar de auto met die rare lange blanke en een roedel kinderen achter ons aan rent, heeft de man alleen maar oog voor zijn vrouw.

Manon Uphoff – Vietnam

The violation of sweetness – De vloeibare droom

In het voorjaar ontving de korteverhalenschrijfster een uitnodiging van de organisatie om naar Hanoi te gaan en een verhaal te schrijven over haar bezoek. Ze had de uitnodiging welwillend aangenomen en arriveerde na een lange, slopende vlucht in een stomend heet Hanoi, waar het die dag, zo bezwoer men, niet half zo drukkend en heet was als de dagen ervoor. De taxi vervoerde haar naar het oudste deel van de stad, waar een en al verwarring en lawaai heersten. Een onafgebroken stroom scooters raasde door drukbevolkte straatjes waar mensen aan weerszijden van lage tafeltjes op plastic stoeltjes zaten en spullen verkochten of eten verhitten boven branders. Uit kookpotjes en pannen stegen stoom en rookpilaren op als uit kleine vulkanen.

De korteverhalenschrijfster had een leeftijd die ze zelf graag beschouwde als eentje van enige wijsheid. Ze zag er goed verzorgd uit. Als onaantrekkelijk kind en verlegen tiener was haar aantrekkelijkheid haast in één nacht over haar gekomen. Sindsdien had ze geleerd gebruik te maken van deze onverwachte omstandigheid en gevoeld hoe die het pad van haar bestaan effende. Nu ze ouder werd, probeerde ze zich niet te veel te hechten aan haar uiterlijk, maar ervoor te zorgen als voor een meubelstuk waaraan je gehecht bent.

Soms jongleerde ze met de vraag hoe ze ouder kon worden, als met een mandarijntje dat je al een tijdje in je hand houdt. Het leven, dat haar jeugd en haar eerste jaren als jongvolwassene had bedekt met een laag olieachtige, vettige rommel, had haar daarna goed behandeld. Ze had wereldsteden bezocht, belangrijke musea aangedaan, tijd doorgebracht in cafés en restaurants en geslenterd over talloze boulevards.

Recentelijk was ze extra tijd gaan besteden aan haar familie en vrienden, omdat die in snelle en haastige aantallen begonnen te sterven. Zo had ze in een paar jaar tijd haar ouders, schoonzus, twee bevriende schrijvers, verschillende kennissen en haar schoonmoeder moeten begraven. Een dierbare vriend kwijnde weg door een akelige ziekte, en hoewel ze altijd opgewekt glimlachte als haar werd gevraagd wat ze vond dat haar nog te doen stond in het leven (dat oppervlakkig gezien de uitstraling had van een geglaceerd koekje), sloop diezelfde vraag soms als een roofdier rond een goed afgesloten kooi om haar heen. Nu en dan glipte hij als een schaduw naar binnen en veranderde in een nog grotere schaduw – en ze wist dat ze dat zelf was.

Voorafgaand aan haar reis had de schrijfster enkele boeken gelezen. Een daarvan, een oorlogsnovelle geschreven door een schrijver met het pseudoniem Baō Ninh, had haar speciaal ontroerd; daarna was ze begonnen aan een klassieker, besloot toen dat de oorlogsnovelle voldeed.

Het hotel dat voor haar was geboekt was netjes, modern en fris, de kamer prettig anoniem. Daarbinnen kon je je verbergen voor de hitte, die voelde als een klamme hand op je nek. Ze nam een bad. In de tussentijd werd een envelop onder de deur door geschoven met een brief die haar informeerde dat een zekere Mrs Hau, de vertaalster, de volgende ochtend vroeg op haar zou wachten in de lobby, om haar te begeleiden naar het kantoor van de organisatie.

Op het genoemde tijdstip kwam er inderdaad een jonge vrouw op haar afgelopen die zich voorstelde als Mrs Hau. Een taxi bracht hen naar het kantoor van de zusterorganisatie die erin had toegestemd haar, de korteverhalenschrijfster, op te vangen en wegwijs te maken.

De hitte was op dit uur al vochtig en ondraaglijk. Ze reden door de straten, die een aaneenschakeling vormden van winkels waarin zijde, lakwerk en schilderijen op lak werden verkocht. *24 hour tailormade* viel op gevels te lezen, en de schrijfster zei tegen zichzelf dat ze een van die mooie zijden jurken aan zou moeten schaffen tijdens haar verblijf.

In het kantoor werd ze vriendelijk welkom geheten. 'We krijgen hier altijd vreselijk veel bezoekers,' zei een van de mannen van de non-profitorganisatie. 'We hebben eens een actrice gehad, behoorlijk bekend, ik ben haar naam even kwijt, een zanger, die zal je zeker kennen, de nodige sporters...' Onderwijl overhandigde hij haar mappen met informatieve, kleurrijke folders. Ze zou verschillende plekken bezoeken. Eerst de stad, dan een provincie in het noorden, dicht bij de grens met China. De bedoeling was om 'de sfeer op te snuiven'.

De vertaalster, die een kinderlijk rond gezicht had dat was bekranst met donshaartjes, sprak zachtjes terwijl ze vertaalde, maar het bleek dat iedereen op het kantoor het Engels uitstekend beheerste, en al snel spraken ze zonder haar tussenkomst of begeleiding.

In een ander deel van Hanoi, dicht bij de Franse wijk, lag de Engelsman die tot voor kort de minnaar van Mrs Hau was geweest, op zijn matras. Vlak voor ze aan haar klus met de vrouwelijke auteur was begonnen, had hij zijn verhouding met haar verbroken. Hij was net wakker geworden van de honger; hij had al dagen niet gegeten maar daar nog niet eerder last van gehad.

Naast zijn matras stonden een paar lege flessen. Op een stoel ving een glas lauwwarm water met een mug erin een streepje zonlicht dat door de gesloten blinden naar binnen kierde. De mug was die nacht in het glas gevallen, ernaartoe gedreven door de luchtstroom van de ventilator, maar de Engelsman had het niet gemerkt. Het was bijna middag en hij had het glas nog niet aangeraakt.

De kamer, waar hij het overgrote deel van zijn tijd had doorgebracht sinds Hau was vertrokken voor haar klusje met de buitenlandse schrijfster, was als een kelder, een vochtige kist. Fel, wit zonlicht probeerde door de Venetiaanse blinden naar binnen te glippen, maar hij had ze zorgvuldig gesloten, zodat het alleen in de vroege middag – als het zonlicht recht op de ramen viel – lukte om de vloer in witte en zwarte repen te knippen. Het vertrek bevond zich op de derde verdieping aan de achterzijde van een vervallen gebouw aan de rand van de wijk, waar oude bomen ruisten en niet veel van het rumoer en het lawaai van de stad de ruimte binnendrong.

De Engelsman was ruim twee jaar geleden in Hanoi aangekomen. Hij was de zoon van een chirurg en een verpleegster, en was bij zijn moeder opgegroeid. Zijn vader had hij niet vaak gezien; zijn moeder was nooit met hem getrouwd, in feite had ze zelfs nauwelijks een relatie met hem gehad, ze waren een paar weken uitgegaan in de tijd dat zijn moeder nog nachtdiensten draaide in het ziekenhuis.

Zijn vader had de zwangerschap niet goedgekeurd en zijn geboorte niet gewenst, maar zodra hij als chirurg begon te werken in een van de grootste ziekenhuizen in Londen, stuurde hij ze maandelijks een som geld. Dit stopte, na een schandaal dat de staf van het ziekenhuis betrof; het was een smoezelige, vuile zaak, er waren patiënten doodgegaan, zaken in de doofpot gestopt, het veroorzaakte opwinding en de gebruikelijke maatschappelijke verontwaardiging over de hoog geplaatsten die zich niet bekommerden om de lager geplaatsten, om de eenvoudige patiënten en hun familieleden.

Zijn vader vertrok naar een kleiner, afgelegen ziekenhuis, en de geldstroom droogde even abrupt als hij was ontsproten. Zijn moeder besloot dat het onbeschaafd was om achter het geld aan te gaan, per slot van rekening was het een geschenk geweest (en had *zíj* besloten de zwangerschap te voldragen).

Ze bracht haar uitgaven eenvoudigweg terug en ze leefden op bescheidener voet. De Engelsman kon zich niet herinneren dat hij als kind ooit had verlangd naar 'een' of 'zijn' vader, of dat hij het gat had gevoeld waarvan anderen zeiden dat het er moest zijn. Hij vond het prettig om met zijn moeder samen te leven, ze vormden een plezierige, warme eenheid.

Maar op een ochtend, hij was zeventien, ontwaakte hij huilend uit een droom waarin hij op het punt had gestaan haar om het leven te brengen. De droom ging over geld, zijn moeder was – dat zei ze in de droom – tot de conclusie gekomen dat het nodig was hem financieel af te snijden, waarop hij haar was aangevlogen. Ontzet vertelde hij haar dit angstaanjagende visioen. Ze reageerde erop met tact, besloot dat hij volwassen was en ze kwamen in harmonie overeen dat het goed voor hem zou zijn om uit huis te gaan.

Hij vond een kamer in Oost-Londen en een baantje, begon aan een studie Engels en Literatuur, en bleef haar regelmatig bezoeken. Maar hij besefte dat de rol die hij in haar leven speelde was veranderd, net als de rol die zij in het zijne speelde. Een tijdlang deed het vreemd pijn; hij voelde zich verlaten en buitengesloten en had last van een terugkerende nachtmerrie waarin zijn moeder hem 's nachts opgewekt passeerde op weg naar een oesterbar, waar ze tegenover een wisselende rij mannen (stuk voor stuk zwaargebouwd, met een brede, grijnzende mond en brede, witte tanden) van haar champagne nipte, met hen toostte en onveranderlijk zei dat ze kinderloos was en dat het er 'op de een of andere manier' nooit van was gekomen...

Maar de repeterende droom verdween en de Engelsman ging uit met verschillende meisjes, had de bijna voorspelbare maar niettemin heftige verhouding met een oudere vrouw, rondde zijn studie af en besloot toen dat hij weg moest, 'ergens' heen.

De Engelsman had gehouden van zijn kleine minnares. Hij had van haar gehouden en haar ook gehaat. Van haar gehouden vanwege de fluïde warmte die schuilging in haar droge, elegante verpakking, haar zachte, warme botstructuur en de buigzame beweging van haar vingers; van de manier waarop ze zat – recht als een beeld, maar nooit zonder warmte of adem. En hij had haar gehaat omdat wat hij ook deed, hoe hij haar ook beetpakte, aanpakte, met of tegen haar praatte, er altijd medelijden met hem in haar blik te lezen was en een nauwelijks merkbare wilskracht.

Hij voelde dat zij ergens van overtuigd was, terwijl hij geen overtuigingen bezat. Ze had hem vaak geplaagd en hem een teruggekeerde oude ziel genoemd, al was hij niet veel ouder dan zij.

Hoewel zij als een meisje voor hem was, beschouwden haar ouders en studiegenoten haar als een oude vrijster. Hij daarentegen vertegenwoordigde voor iedereen in Engeland, in West-Europa, 'de jonge nomade' die over de wereld schuimde. Hij lachte. Zijn blik dwaalde naar de boeken op de planken. In het schemerdonker waren de namen van de auteurs nauwelijks leesbaar, maar hij kende ze uit het hoofd: Melville, Poe, Hemingway, Capote. Hij herinnerde zich zijn zorgvuldige selectie toen hij aan het inpakken was voor de verhuizing naar het onbekende Hanoi (waar hij een aanstelling had gekregen als leraar Engels op de Hanoi University).

De boeken hadden een geheim geleken. Fluisterende stemmen die met hem meereisden en hijzelf de drager van zware planeten, van werelden zo hecht en geconcentreerd dat ze zichzelf bijeenhielden. Hij had ze boven op een laag kleding in de koffers gelegd en bedekt met zijn shirts en linnen bloezen. Bij aankomst had hij aan ze gesnuffeld, ze een voor een op de planken van zijn piepkleine appartement geplaatst en er bijna dagelijks een in zijn handen genomen.

Hanoi was niet zijn eerste keus. Hij zocht naar een volledig nieuwe setting, overwoog Sjanghai en Beijing, maar zijn professor – een erg gebogen maar levendige, schildpadachtige man met heldere blauwe ogen in een gezicht dat opvallend oud was zonder gerimpeld te zijn – suggereerde hem Hanoi.

'*The Asian tiger is rising and stretching out in all directions, meboy,*' zei hij. Om de een of andere reden noemde hij al zijn studenten 'me-boy', behalve de meisjes, die hij aansprak met 'mesweetheart'.

Zijn professor was in Vietnam geweest tijdens de oorlog. Onder de studenten deed het verhaal de ronde dat hij in die periode een affaire had gehad met een hooggeplaatste Vietnamese vrouw bij wie hij meerdere kinderen had verwekt, die hij bezocht in zijn vakanties. Het was een gerucht dat nooit was bevestigd.

Als iemand hem had gevraagd waar hij zo van hield bij zijn kleine minnares, zou hij gezegd hebben dat ze hem de perfecte, zonder aarzeling getrokken klare lijn leek, zoals in een prent of inkttekening van een beroemde meester.

Hij begon aan zijn lessen met het idee dat hij zijn studenten de finesses van de Engelse taal zou bijbrengen en de liefde voor de literatuur, 'de ziel van Europa'. Hij had ze die enige passie willen overbrengen, maar in plaats daarvan hadden ze hem ervan beroofd en lag hij hier stom en monddood.

De Engelsman draaide zich op zijn rug. Aan het plafond draaide de ventilator dreigend, alsof hij afkomstig was uit 'The Pit and the Pendulum'. Hij keek naar het cirkelen van de metalen bladen en dacht dat het ding nu elke minuut naar beneden kon komen.

De studenten hadden er heel anders op gereageerd dan hij had gedacht. Zijn scherp voorbereide verhalen van Poe bijvoorbeeld. Hij las het verhaal 'The Tell-Tale Heart' met hen –over iemand die een oude man om het leven brengt, enkel en alleen vanwege diens gruwelijke, starende blinde oog – en probeerde hun uit te leggen wat hij bedoelde met 'de dubbele horror' van Poe: de eerste horror was het obsessieve geloof waarmee zijn personages bouwden aan een noodzakelijkheid, een noodlottige onafwendbaarheid van de dingen; de tweede was dat ze ondanks deze creatie (die ze zélf als onvermijdelijk beschouwden) nog steeds leden onder de gevolgen ervan.

'En simpelweg *alles* heeft deze onvermijdelijkheid. En dat komt doordat Poe je echt laat voelen dat dit voor hen zo is – en dan schrijft hij deze beklemmende verhalen,' zei hij, wachtend op het moment dat ze het vraagstuk van de onvermijdelijkheid zouden aankaarten.

'Maar niets duwt het, er *is* geen lot, geen *nood*lot, geen sturende hand... Nee, het zit in de *ziel* van de dingen, hun ziel. Het is vanwege hun nood, vanwege hun behoefte aan deze onvermijdelijkheid dat ze onvermijdelijk *worden*!' zei hij.

Ze hadden hem niet-begrijpend aangekeken, met glanzende ogen, zonder te knipperen, en ze hadden Poe's probleem opgevat als een dat voortkwam uit diens verontrusting over de onvermijdelijkheid.

Hij probeerde het nog eens.

'En zelfs als je het er niet mee eens bent, eenvoudigweg niet eens bent met de manier waarop zijn personages de dingen bekijken, zoals in "The Tell-Tale Heart", glijd je toch met hen mee naar beneden en voel je dat Poe gelijk heeft, voor *hen* is het onvermijdelijk.'

'Was Poe een depressieve man?' vroeg een van hen.

'Nu, dat is krankzinnig,' riep hij geïrriteerd. 'Depressie heeft er niets mee te maken. Jullie zullen nooit iets van literatuur begrijpen als je zo begint.' Ze keken opnieuw naar hem, verrast door zijn uitbarsting, en hij voelde dat het zinloos was.

Hierna was hij opgehouden Poe met ze te lezen.

Hij trok het klamme laken over zijn rillerige lichaam (hoe kon hij het koud hebben in deze hitte?). Ik zie eruit als een made, dacht hij, terwijl hij zich verder inwikkelde. En ook: ik kan niet naar haar toe gaan, ze mag niet hierheen komen. Ze mag me hier niet vinden!

Na afloop van die mislukte les was Hau naar hem toe gekomen.

'Het was zo aardig van je om met ons over Poe te praten.' (Ze zei 'Pôh'.) '... ik vind het zo jammer dat we het niet goed begrijpen.' Ze zei dat ze graag verder met hem 'over de literatuur' wilde praten. Hij keek naar haar lieve, ronde gezicht zonder een spoortje make-up (hoewel dat haar gesierd zou hebben) en de zachte, elegante nek, en nodigde haar uit voor een drankje.

'Waarom hou jij zoveel van de Pôh?' begon ze.

'Nou, om te beginnen,' zei hij scherp, 'ik *hou* niet van Poe, ik probeerde alleen maar uit te leggen wat hem zo onvermijdelijk maakt.'

'Ja,' zei ze, schuifelend met haar voeten. 'Alsjeblieft, kan je nog eens uitleggen... wat maakt hem zo onvermijdelijk?' Hij zweeg en ze keek een beetje verward.

'Denkt hij dat onvermijdelijke dingen slecht zijn?' vroeg ze, haar handen gracieus op haar bovenbeen, de ene rustend op de andere – als een onafscheidelijke tweeling.

'Nou, het is nogal duidelijk dat ze dat zijn,' zei hij, plotseling ongerust. 'Neem de moord op de oude man in "The Tell-Tale Heart", voor het personage is die onvermijdelijk *en* het is een kwaad.'

'Ja,' zei ze, 'dat is waar... hij vermoordde de oude man.' Ze vervolgde: 'Het was zo triest van hem om de oude man te doden, zo triest... Hij wilde zich alleen maar bevrijden van het oog.'

'Misschien als hij alleen maar een manier had gevonden om dat oog te doden...' voegde ze er half hardop aan toe, en ze loenste een beetje.

Hierna had hij met haar naar bed gewild.

'Ja,' riep hij uit, 'het zijn prachtige verhalen... Ik ben zo blij dat jij ze leest, ik ben zo blij dat je naar me toe bent gekomen; je hebt geen idee.'

Hij zweeg omdat hij anders zou gaan praten over de stad, over zijn eenzaamheid, de universiteit, haar medestudenten. Hoeveel pijn het hem deed ze te zien en te horen giechelen als hij hen passeerde. Hij wilde van haar weten waarover ze giechelden, wat er zo grappig aan hem was. Hij wist dat ze om hem giechelden en hij had het idee gekregen dat hij *in essentie* lachwekkend voor ze was.

Maar hij voelde dat hij daarmee iets naar voren zou trekken wat zou groeien. Daarbinnen zouden zij en hij verloren gaan en hij wilde niet dat ze verloren gingen, hij wilde dat ze hier zaten en limonade dronken en naar elkaar keken – en hij wist dat ze met elkaar naar bed zouden gaan omdat ze vriendelijk en geduldig en intelligent was en hem aardig vond, echt aardig. Dat ze blij was hier met hem te zitten en te praten over Pôh, en dat ze even blij zou zijn met hem mee naar zijn kamer te gaan.

Maar hij sliep niet met haar die middag en ze zagen elkaar twee weken niet, want meteen na het gesprek kreeg hij hoge koorts; hij kon niet lesgeven en zag haar pas aan het eind van die twee weken. Ze belde hem op. Hij had geen idee hoe ze zijn nummer gevonden had, herinnerde zich toen dat hij alle studenten zijn nummer gegeven had. Ze zei dat ze bezorgd was, misschien was hij zo ziek? Ze wilde langskomen om hem thee te brengen. Hij accepteerde haar aanbod, nam een douche, kleedde zich om, en ze kwam.

Ze leek een beetje teleurgesteld te zijn over zijn kamer, die hij nauwelijks gedecoreerd had en waarin alles wat er stond Chinees en Vietnamees was, op de boeken na.

Toen hij zijn thee ophad, ging ze naast hem zitten en vroeg hem over Londen, maar hij was meteen als een wilde op haar af gedoken, had haar gebloemde rok omhooggefrommeld en haar gekust tussen haar benen, en toen hadden ze snelle, haastige seks gehad; ze was nog steeds aangekleed, hij zag alleen haar geslacht onder het opzij geschoven broekje, dat o zo lief, zacht, vriendelijk en nat voor hem was. Ze namen afscheid zonder dat hij haar of zij hem naakt had gezien. Na afloop huilde hij in zijn kamer en voelde dat ze op de een of andere manier in *gevaar* was.

Hij draaide zich om – het laken draaide glibberig met hem mee – en voelde dat de liefde uit zijn leven gescheurd was, ze was eruit gescheurd en nu was *hij* de ruptuur.

* * *

De schrijfster bracht de rest van de avond door met het kijken naar een Vietnamese soap die even informatief als amusant was. In een smal, hoog huis van drie verdiepingen leefden drie generaties samen. Een vader en moeder bleven maar in en uit lopen terwijl ze een zoon en een schoondochter ondervroegen, kennelijk waren er huwelijksproblemen. Ze stoven de kamer in en uit, op sokken, pantoffels en blote voeten.

Na de ruzie, die eindigde met de moeder die instructies snauwde naar haar schoondochter, rende de laatste in tranen naar de keuken. Even later zaten ze sierlijk op hun hurken achter een lage tafel en aten hun noedels, die bereid waren door de schoondochter en ook door haar naar binnen werden gebracht; ze had gehuild, haar mascara was doorgelopen.

De korteverhalenschrijfster dacht aan wat de kleine vertaalster haar verteld had over een van haar vriendinnen. Gestudeerd en vroeg getrouwd, leefde die als een slavin van haar schoonmoeder in een prachtig huis, als een gevangene, ze mocht niet meer naar buiten.

Na de soap nam ze een douche, verliet het hotel en liep door een roezemoezige straat rechtstreeks naar het meer waar ze de eerste avond per ongeluk was uitgekomen. Zacht bevend lag het midden in de stad, erboven een warme mist. In het gras eromheen kwaakten talloze kikkers.

De schrijfster, de kleine vertaalster en twee mensen van de organisatie zaten in een betonnen ruimte en luisterden naar de vrouw zonder benen die hun haar geschiedenis vertelde. Hoe ze haar benen verloren had en wat er daarna met haar gebeurd was. Haar achttienjarige dochter, de studente die door de organisatie was binnengehaald en uitgekozen om een spoedcursus te volgen, zat zwijgend achter haar, het trotse, peervormige gezicht met de pruilende mond van ze afgedraaid. Ze droeg een strak T-shirt met een V-hals – donkerblauw met een monogram erop – en strakke Italiaanse jeans, en ze keek niet naar haar invalide moeder, die in een zorgvuldige, vloeiende spraak formuleerde wat er had plaatsgevonden.

Jaren geleden was ze op weg naar de trein (zwanger en daardoor traag) door háár moeder meegetrokken en ten val gekomen. De trein had haar linkerbeen meteen afgerukt, het rechter was later afgezet.

Ze zaten op de kale vloer bij de ventilator, die draaide op de hoogste stand maar die alleen een lauwwarme wind blies die hen slechts zijdelings beroerde. Ze was erg blij dat het was gelukt, zei de vrouw zonder benen, dat het werk van de dochter en van de zoon het mogelijk had gemaakt om te verhuizen uit het andere blok, slechts honderd meter van dit verwijderd. Maar daar was geen deur, daar kon het 's nachts niet afgesloten worden, daar was niemand die op de uitkijk kon staan.

Het kon er een erg gevaarlijke plek zijn. Vooral als de zoon niet thuis was.

De korteverhalenschrijfster luisterde. De brute krachten die het leven van de vrouw zonder benen hadden gevormd, stonden haaks op haar fijne manieren. Alsof ze nooit zou kunnen geloven dat zulke krachten ook in haar of andere mensen bestonden en ze alleen structuren, natuur, traditie of wet toebehoorden.

Alleen van het gezicht van de dochter viel verzet af te lezen. De schrijfster dacht aan de armoede waarin haar eigen moeder was opgegroeid, het gebrek aan opleiding, school verlaten met veertien jaar, de oorlog, het eerste, gehandicapte kind met de vader. En dat dat allemaal voorbij was gegaan, dat uit dat moeras haar leven was gegroeid en zíj daar weer uit op de kant was geklommen. Ze vroeg zich af wat haar betekenis was, of ze iets vertegenwoordigde wat deze vrouwen zochten.

'Mijn dochter doet het uitstekend,' had haar vader een jaar voor zijn dood, op hoge leeftijd, geschreven aan een oude vriend, 'die heeft het veel beter gedaan dan ik en reist de hele wereld over...'

Het bezoek aan de gehandicapte vrouw in de voorstad was zorgvuldig voorbereid en gepland. Om het af te sluiten zou de vrouw zonder benen met hen meegaan naar het restaurant waar haar dochter sinds kort werkte als cheffin afdeling Cocktails.

Er kwamen veel westerlingen, de invalide moeder was er nog nooit geweest. In het restaurant rende de schrijfster naar de toiletten, waste haar vuurrode, bezwete, opgezwollen gezicht, spoot deodorant onder haar oksels en ordende haar vochtige kleren, die gekreukeld waren door het lange, ongemakkelijke zitten op de betonnen vloer. Giraf tussen de flamingo's, dacht ze.

Terug aan tafel in het nagenoeg lege restaurant liet ze de vriendelijke spot over haar gebrek aan beheersing van de stokjes over zich heen komen.

De kleine vertaalster, die vaardig haar eend at, vroeg wat zíj dacht van de generatiekloof. Ze keek naar de vrouwen rond de tafel en wilde zeggen dat ze niet geloofde in de generatiekloof, maar in de droefheid van het leven dat sneller veranderde dan de mensen. De kleine vertaalster was heel beslist. Er kwam wat stijfheid in haar bovenlip terwijl ze het had over de moeilijkheden met haar ouders, haar moeder, zelfs al ondersteunden ze haar.

'Hier wordt een vrouw die nog niet getrouwd is voor haar zevenentwintigste (het bleek dat de vertaalster precies zevenentwintig was) al beschouwd als een oude vrijster,' zei ze, haar mooie mond een beetje pruilend, haar effen huid zonder een spoortje transpiratie.

De schrijfster had haar onmiddellijk aardig gevonden. De vertaalster zei dat haar ouders haar niet wilden dwingen tot een huwelijk, zoals zoveel anderen overkwam, 'maar ze zijn bang dat ik niet zal trouwen en nooit een baby zal krijgen'. Ze keek een beetje verlaten. Er was een korte pauze. 'Hier zijn zoveel dingen traditie.' De vrouw zonder benen glimlachte weemoedig. De schrijfster durfde niet te zeggen dat ze soms terugverlangde naar een traditie, en dat ze rouwde om het verlies ervan.

Die avond maakte de schrijfster geen wandeling naar het meer, want ze moest vroeg op voor het aanstaande bezoek aan het noorden, de bergen. De kleine vertaalster nam voor het hotel afscheid. Het was begonnen te regenen.

In zijn verduisterde kamer luisterde de Engelsman naar het constante gedruis van de regen die naar beneden gutste en alles waste in Hanoi – binnen een paar uur zou het stoppen en zouden de straten opnieuw droog worden in de vochtige hitte van de dag, alsof er geen regen was geweest, en 's avonds laat of in de nacht, zou de regen opnieuw vallen – om opnieuw te verdampen in de morgen.

Als jongen had hij ervan gehouden te luisteren naar de Londense regen die kletterde en klaterde op de daken; de wereld van hem en zijn moeder werd er meer ingekapseld, meer als een verhaal door – dat van een moeder en haar zoon die leefden en worstelden in een grote stad die plotseling klein was geworden.

Maar hier beangstigde en irriteerde de regen hem – de hele nacht kwam hij naar beneden zetten in eindeloze stromen. Warme, weelderige regen, in hoeveelheden die onbekend voor hem waren; hij kon gemakkelijk complete dorpen wegspoelen (een vrouw en haar baby waren onlangs weggespoeld in een provincie dicht bij de grens met China, en het enige wat de mensen tegen elkaar zeiden (als ze al iets zeiden) was: 'Ja, de regen doet dat', of: 'Dat is het werk van de regen'), maar de volgende dagen zou de regen weer totaal verdwijnen om alleen een vochtige warmte achter te laten.

Hij had meteen geweten dat hij Haus' zware gewicht zou worden; dat hij aan haar zou komen te hangen en dat ze met hem rond zou zeulen. Hoewel iedereen aan de universiteit zijn aanwezigheid accepteerde, was het alsof hij daarbuiten niet bestond of eenvoudig werd uitgewist. De straten waren gevuld met jonge mensen op hun scooters die hem soepel en zonder een spoortje twijfel ontweken, terwijl hij juist bij alles wat hij deed zijn opperste aandacht nodig had.

Niemand sloot hem op een lompe manier buiten. Als dat het was, dan had hij het bestreden. Maar de omgeving absorbeerde hem gewoon, hij verdampte, ze gingen door hem heen, langs hem heen, alsof hij een onderdeel van een weg was, of op zijn best een eenvoudig te vermijden obstakel.

Nadat ze met elkaar geslapen hadden, kwam Hau bijna elke dag bij hem langs; ze vreeën en gingen af en toe uit, maar ze stelde hem niet voor aan haar (getrouwde) vriendinnen, en hij twijfelde of ze ooit melding van hem had gemaakt bij haar ouders. Haar vader kweekte orchideeën, zei ze, en haar moeder hield van pianospelen. Toen hij zei dat hij best ook eens naar haar appartementje kon komen, antwoordde ze dat ze dat fijn zou vinden, maar dat het misschien moeilijk was, omdat hij dan haar broer zou tegenkomen.

'Vertel eens over Londen,' zei ze. Maar ze had zich vastgebeten in haar droom ervan en kon zijn moeheid niet begrijpen. De Engelsman wantrouwde de wortels van zijn bestaan. Toen hij een jaar of vijf was, had zijn moeder hem eens een sterk medicijn toegediend dat een bijzonder vieze smaak had. Ze verhulde het in iets suikerigs en zoets waar hij van erg van hield, omdat ze dacht dat dit het gemakkelijk voor hem zou maken om het door te slikken. Maar hij proefde het medicijn toch, het smaakte smerig, afschuwelijk, en het eten waarvan hij had gehouden, was er in één klap waardeloos en walgelijk door geworden.

'Ach, wat was je boos en achterdochtig,' zei zijn moeder, 'je wilde niets van wat ik klaarmaakte meer aanraken, ik was vreselijk bezorgd.' Natuurlijk was hij uiteindelijk weer gaan eten, het niet eten duurde niet langer dan een maand, toen hij zelf moe werd van zijn argwaan.

Inmiddels had zijn hele leven op de een of andere manier een bitterzoete smaak gekregen.

Hij wist dat hij in slaap viel toen uit de rechterbovenhoek van het plafond iets langgerekts en trillends (dat er uitzag als de insectenpoten die Dali schilderde uit de zware poten van olifanten) zich naar hem uitstrekte, dun en doorzichtig grijs, zonder hem te raken. In zijn oren gonsde het. Het was een zoemend geluid dat een combinatie was van het geluid van de televisie die na de stroominschakeling weer was aangesprongen en de ventilator die opnieuw begon te draaien.

'Je hoeft alleen maar te bewegen,' hoorde hij zichzelf zeggen, en hij werd getroffen door de onwil om dit te doen. Toen hij zich een paar minuten later omdraaide, schoot het uitgestrekte ding zo plotseling terug in de leegte van de hoek, dat zijn gedachten lang dwaalden over de kwestie van de onmogelijkheid om een onderscheid te maken tussen het 'ik' en de sensaties van dit ik.

* * *

Er was helemaal niets solide aan de bergen; in de wolk en de nevelslierten die als rook uit een waterpijp rond hun groene toppen kringelden, leken ze te vervagen en op te lossen alsof ze zich op een onbereikbare en speels verschuivende plek bevonden. Kalm dreven ze in het landschap. De korteverhalenschrijfster had het gevoel dat ze een vloeibare wereld binnenging, waarin niets stabiel of feitelijk was. Op de terrassen glansde het water lakachtig groen als email, de rijst stak er in naaldjes uit omhoog.

Ze zaten rond een houten tafel die bedekt was met een plastic kleed, in een ruimte met een open kapconstructie. Door de openingen blies warme wind, het was het regenseizoen.

'Jullie moeten toegeven dat ik de mooiste vrouw van de hele provincie getrouwd heb!' brulde een van de jonge mannen, die zelf ook betoverend mooi was. Haar gastheren en -vrouwen stelden de schrijfster allerlei vragen over het 'Westen' terwijl ze haar glas bijvulden met zoete rijstwijn. Dit 'Westen' kreeg iets van een zich almaar sneller van je af bewegende horizon.

Hau vond dat de schrijfster er moe uitzag. Niet gewend aan het klimaat zat ze daar zweterig, haar make-up uitgelopen, haar wangen bleekglanzend. Het leek onverantwoord om haar zo dadelijk weer naar die verlepte hotelkamer te brengen, zonder tv, zonder computer, zonder airco, en zonder iemand om mee te praten, na zo lang gereisd te hebben, helemaal hier naar het noorden. Ze schaamde zich voor haar land en dit arme noorden dat de schrijfster had verwelkomd met de hier kennelijk gebruikelijke onverschilligheid.

Die vrouw, dat *wezen* bij het hotel (een travestie van een hotel!) die maar haar brutale glimlach lachte toen ze vroeg naar de airconditioning en de generator en het muskietennet. Haar man die bleef wiebelen in zijn hangmat, zijn buik obsceen bloot boven zijn smoezelige korte broek. Ze maakte zich zorgen vanwege de koortsglans op het gezicht van de schrijfster en de diepblauwe kringen onder haar ogen. Wat als ze ziek werd? Maar de mensen van de organisatie waren zulk vriendelijk, vrolijk, opgewekt en grappig gezelschap.

'Als het in Hanoi te laat voor je is, dan trouw je gewoon met mij!' riep een van hen, de chef; zijn magere gezicht was geplooid in een lach die een waaiertje van verticale rimpels over zijn wangen trok. Even geen vragen over haar woonomstandigheden in Hanoi, of het bezorgd informeren naar haar shop. Of het besef van de sombere aanwezigheid van haar Engelse vriend. En morgen zouden ze tennissen.

Aarzelend, en nerveus omdat het een dure plek was, had de kleine vertaalster haar achtergelaten op de enige plek met een op een generator werkende airco. Een karaokebar in de kelder van een bar annex speelruimte in een lege, doodlopende straat. Erachter begonnen de bergen.

'Het kost 4 dollar per uur,' zei ze ongerust.

'Maak je geen zorgen,' zei de schrijfster, 'dat is toch geen enkel probleem', zich afvragend of er een uitweg was uit deze eindeloze reeks van beleefdheden en plichtplegingen, die voelden als de golven van een milde maar vastbesloten zee die je met evenveel kracht moest keren.

'Weet je zeker dat je niet mee wil voor de lunch?' vroeg de kleine vertaalster nog eens. 'En dat je helemaal niets wil eten? Misschien kan ik je wat kip brengen, of wat noedelsoep? Er is hier helemaal niemand.'

Achter haar beslagen brillenglazen keken haar opengesperde ogen vriendelijk en bezorgd; haar wellevendheid ging zo ver dat ze bereid was haar lunch op te offeren om haar gast niet alleen te laten in wat in haar ogen een ontoereikende ruimte was. Maar de schrijfster zei dat alles prima was, en weifelend, dralend (maar met duidelijke opluchting) liet de kleine vertaalster haar achter in de karaokebar, die niets meer was dan een smalle box met een bijzonder laag plafond en twee lage banken; de ene overtrokken met bananengeel plastic, de andere in scherp glanzend onaards groen, de kleur van zonbeschenen rijstterrassen. De ruwe wanden van de bar waren slordig gedecoreerd met een etnisch motief dat Mexicaans leek. Er waren geen bordelen in Vietnam, zeiden ze, maar ze wist dat dit soort kleine ruimtes afgesloten kon worden en dat dit ook vaak gebeurde: de deur ging dan op slot en over de plastic banken werd een handdoek uitgespreid.

Genietend van de koelte van de airco, trok de schrijfster haar laptop naar zich toe, klapte het scherm open en probeerde een brief te schrijven aan haar zieke vriend. Ze probeerde er wekelijks een te sturen, schreef er soms zelfs meerdere in een week, maar de laatste dagen was het haar niet gelukt. Omdat ze niet wist waar ze het over moest hebben, beschreef ze de karaokebox voor hem, en ze voelde hoe ook hij in een box leefde, hoe zijzelf in een box leefde... de boxmensen dacht ze – de mensen in de bergen in hun berghutbox, de vrouw zonder benen in haar betonnen box, de kleine vertaalster in haar glasbox – en ze vroeg zich af wanneer haar vriend zou sterven.

De schrijfster rende opnieuw de badkamer in, poepte, braakte, waarna ze drijfnat op het bed in haar tijdelijke kamer ging liggen. De vrouw beneden bij de balie had geglimlacht, een stalen glimlach. Er was geen manier om het probleem van de verstikkende hitte op te lossen; de stroomstop was van overheidswege afgekondigd, de generator kon niet gebruikt worden, de generator kostte geld. Misschien na negen uur. 'Bu dis is a *hotel*!' had de kleine vertaalster geroepen, bijna huilend van woede en schaamte vanwege zoveel lompheid tegenover de gast, de schrijfster.

Liggend op het te korte bed, voelde de schrijfster zich bedroefd, maar ze wist ook dat dit een onderdeel van de totale ervaring was.

Later zat ze aan de tafel en schudde nee! terwijl haar gastheren en -vrouwen aten. Ze hadden haar allemaal gevraagd wat ze zou gaan schrijven, waar haar verhaal over zou gaan, en ze voelde de drang om ze recht te doen (de scooterbestuurder, de kleine vertaalster, de man die de mooiste vrouw van de provincie had getrouwd) in het verhaal dat ze verlangden.

Ze dacht aan de frêle schouders van de scooterbestuurder aan wie ze zich als een aapje had vastgeklampt toen hij haar over het vuistsmalle, kronkelende pad helemaal naar het gezin in de bergen reed, en wist dat hij haar meenam naar een plek en naar mensen van wie hij hield.

'Niet bang zijn,' had hij gezegd, alsof zij de enige was die breekbaar was. De kleine vertaalster zat achter op de andere scooter, haar gezicht gelukkig en in opgewonden vrees.

'De mensen trouwen jong hier in de bergen,' zei hij toen ze omringd door alle leden van het gezin in de hut zaten, die eigenlijk bedoeld was voor de buffel. 'Om het werk te doen, te overleven. Meisjesbaby's worden gedood, extra jongens gekocht. Voor de regen komt en alles weer wegspoelt, het leven, de zorgen, de misdrijven. Het goede en het kwade gedragen zich ook hier geraffineerd,' zei hij.

De dag daarop keerden ze terug naar Hanoi.

Tijdens de lange autorit bespraken de schrijfster en de kleine vertaalster de mogelijkheden voor de laatste dag. Ze zouden een afspraak kunnen maken, winkels kunnen bezoeken, ergens koffie of thee kunnen drinken, een ijsje halen en nog wat praten over boeken en literatuur.

'Misschien, als je tijd hebt, kunnen we ook naar mijn shop...' opperde de kleine vertaalster terwijl ze in haar tas zocht naar het visitekaartje van haar winkeltje in sieraden (dat ze een halfjaar geleden was gestart omdat het zakelijke vertaalwerk haar steeds minder plezier bezorgde). Het was moeilijk, zei ze, er was veel concurrentie.

De afgelopen dagen had een vriendin voor haar waargenomen, zodat ze de winkel niet had hoeven sluiten. 'Ik zoek altijd naar mooie materialen,' zei ze.

Wat stond haar allemaal te wachten? Welke man wilde haar als ze zo vrij leefde? Dát, zei ze, was de énige zorg van haar ouders, vooral van haar moeder, en de schrijfster voelde de zachtmoedigheid van het meisje en durfde niet te zeggen dat haar moeders zorgen vermoedelijk terecht waren, want ook al was ze gracieus en intelligent, de eenzaamheid van de kleine vertaalster hing om haar heen als een dunne mist. Ze kon de eerste strengetjes grijs in het donkere haar rondom het vlekkeloze, bijziende gezicht van de vertaalster zien en voelde de sterke behoefte om voor haar te zorgen.

* * *

De boeken op de planken leken de Engelsman op kerkers. Ik weet wat er binnen in jullie is, zei hij hardop, terwijl hij dacht aan wat er binnen in hen was en zich erover verbaasde dat de planken niet doorbogen onder hun gewicht. Toen voelde hij zijn eigen zware, plakkerige lichaam op de matras en verbaasde zich erover dat hij zelf niet door de matras heen drukte.

Aan het plafond zwierde de ventilator als een op hol geslagen helikopter. Het geluid was als een constant loeiend alarm. De Engelsman dacht aan hoe licht hij zich had gevoeld in aanwezigheid van het meisje. Hoe licht ze alles in zijn kamer had gemaakt, met haar sierlijke handen en koele dijen. Hoe ze de dingen binnen in hem luchtig had gemaakt, haar vingertoppen drentelend over zijn lichaam: 'Aa-aah, ik weet wel wat jij bent... Jij bent een *lieve* man, een vriendelijke, zachtaardige man...'

Hij was licht geweest in de buik van zijn moeder, toen was hij zwaar geworden en op de aarde gevallen. Daarna was hij zwaar geworden in zijn eigen wereld en terechtgekomen in een andere, waar hij lag als een meteoriet (de studenten giechelden als ze hem passeerden; ze wierpen hun enigmatische blikken op hem en hij werd 'de homp').

Wat als zij hem zou vinden? Die mogelijkheid bestond, ze had de sleutel nog niet teruggegeven. De gedachte was even zorgwekkend als verontrustend. Hij ervoer een vreemd in en over elkaar glijden van aan de randen uitlopende beelden waarin ze haastig naar hem toe kwam om hem alles te vertellen over de schrijfster met wie ze was opgetrokken. Ze deed of ze helemaal vergeten was dat hij de relatie had verbroken en haar had verboden contact op te nemen. Ze zou binnenkomen en de rode, kronkelende rivier vinden, die haar voeten zou raken. Of misschien was het dan al opgedroogd en lag hij erin; het zou een verschrikking voor haar zijn, verschrikkelijk...!

Daarna zou er niemand meer voor haar zijn in Hanoi. Die Hollandse schrijfster zou veilig in haar vliegtuig naar huis zitten. Hau's broer wist niet eens dat ze een verhouding hadden; haar ouders vermoedden misschien wel iets, maar een gespreksonderwerp was hij zeker nooit geworden. Nee, hij zou haar eenzame vernedering en schande zijn, *haar schaamte...*

Hij stelde zich voor hoe ze terug zou keren naar haar winkel, de Bieeuw-mieeeuw-shop, om daar plaats te nemen in haar koninkrijk van glanzende kettinkjes en oorbellen, hoornen armbanden en schelpendoosjes. Wie zou ze kunnen vertellen van de vernedering en schande van haar minnaar? En ze hadden in geen weken met elkaar geslapen, hij was aldoor te depressief geweest.

Het leek nutteloos, het leek op werk, het hele gebeuren: uitkleden, naast elkaar liggen, aanraken en strelen, de begeerte en wat daarna kwam. Na afloop zouden ze toch weer van elkaar af drijven en zou hij zich belachelijk en groot voelen, een homp klei. Hij voelde rouw en verdriet terwijl hij eraan dacht hoe ze de trap op zou klimmen en op hem af zou stormen – ook al had hij het uitgemaakt – om hem alles te vertellen over het tripje naar het noorden en haar vertaalwerk voor de schrijfster, en hem te vragen of ze de sleutel mocht houden...

Na zijn daad zou hij voor altijd een soort waarschuwing voor haar zijn, een blinde stalen muur.

Hij draaide zich om, had zin in een sigaret en kwam met een onverwachte puls van energie omhoog van de matras – als een brandende kaars die plots een vlaag zuurstof vangt, wankelend, stommelend en zwak – zocht en vond een sigaret en rookte hem rechtopstaand, leunend tegen de muur, terwijl hij naar de ruggen van de boeken keek. Hij stond daar als een soort landheer, hij rookte de hele sigaret – die erg smakelijk was – voor hij terugstrompelde.

De ventilator hield langzaam op met draaien. Een grote mug die tegen de muur danste en meebewoog kwam schokkerig tot stilstand en huiverde even na. Stroomstop, dacht hij, voor hij zich opnieuw uitstrekte op de matras, alsof hij helemaal niet was opgestaan, en bemerkte, terwijl hij het glibberige laken over zich heen trok, dat dat nat was.

Regen? Zweet? Of had hij het misschien al gedaan... en daarna *doodgewoon* zijn sigaret gerookt? Hij grinnikte, de menselijke energie is echt iets wonderbaarlijks en verbijsterends, dacht hij, echt iets om je over te verbazen.

In het schemerdonker ontwaarden zijn ogen de sinaasappel die naast zijn matras op de grond lag. Hoe plezierig om te zien dat deze sinaasappel, die dag na dag meer was verdroogd, niets van zijn kleur verloren had, alsof je hem alleen maar hoefde onder te dompelen om hem weer te veranderen in een vers stuk fruit.

Mijn vader was niet bang voor bloed, dacht hij en grinnikte opnieuw. Als die hier was, kon hij er wat aan doen, maar hij heeft geen idee waar ik ben!

Even had hij het idee dat de mannen van de inquisitie zich rond zijn matras geschaard hadden en hem aanstaarden. Ze droegen witte kappen en hadden dunne zwarte koorden om hun middel. Toen dacht hij dat het misschien toch *niet* de inquisitie was maar de Ku-Klux-Klan. Misschien was er iets mis met hem en was hij veranderd in iets wat verachtelijk en weerzinwekkend voor hen was.

In de donkere kamer kon hij de tint van zijn huid niet goed onderscheiden. Maar mogelijk was het ook geen Ku-Klux-Klan en waren deze figuren onderdeel van een parade, van een religieus feest of een begrafenis.

'Hier dragen we wit als we iemand wegbrengen,' had zijn jonge minnares gezegd (dat komt goed uit; je bent nu zelf bedekt met een wit laken).

* * *

Ze gingen de koffiebar binnen.

'Ik ben zo bezorgd over hem,' zei de kleine vertaalster toen de thee en de limonade waren gebracht. Ze loenste een beetje van achter haar brillenglazen. 'Hij is zo verdrietig en in zo'n slechte conditie. Hij denkt dat niemand van hem kan houden... mah, hij is de enige die mij heeft geholpen met mijn shop. En hij is altijd zo aardig en vriendelijk – en hij is altijd zo bezorgd dat mensen hem niet aardig vinden.' Ze nam haar bril af en ze loenste nog meer terwijl ze de glazen met een servetje schoonwreef.

'Ik denk, misschien is hij te gevoelig, wat denk jij?'

Ze zaten tegenover elkaar in de moderne koffiebar, die schuilging in het enorme jarenzeventiggebouw. De korteverhalenschrijfster had nooit kunnen vermoeden dat het sjofele gebouw zo'n trendy, goed georganiseerde koffiebar op de bovenste verdieping zou kunnen herbergen. Serveersters in uniform gleden voorbij alsof ze schaatsten.

'Hij is zo ongelukkig,' zei de kleine vertaalster, 'zo ongelukkig, de hele tijd is hij depressief, denk je dat ik iets kan doen? Denk je dat ik contact moet zoeken? Ik heb de sleutel nog, we hebben het pas een week geleden uitgemaakt. Ik denk dat hij zich erg eenzaam voelt, hij is helemaal alleen in Hanoi. O, ik denk dat het zo spannend is dat ik met een echte schrijver ben, alsjeblieft, je moet me een van je verhalen sturen, alsjeblieft, vertel me waar je over schrijft.'

Onrustig dwaalde de schrijfster door de verhalen in haar hoofd, alsof ze bladerde door de pagina's van een groot boek, in een poging er een te vinden dat de vertaalster zou bevallen, maar ze voelde dat al haar verhalen inadequaat en hopeloos waren.

'Nu ja,' begon ze na een tijdje aarzelend, 'ik schreef er een over mijn broer en de vissen. Weet je nog, ik heb je verteld van die broer, toen we op weg waren naar de karaokebar.'

'Ja,' zei ze, 'ja, kun je me alsjeblieft nog eens vertellen wat er met hem aan de hand was?'

Ze legde het opnieuw uit; de moeizame geboorte, het gebrek aan zuurstof, de schade die was aangericht aan zijn hersenen, niet genoeg om te kunnen vergeten dat hij nooit zoveel zou kunnen leren als andere mensen.

'Zie je, mijn broer houdt erg van leren,' zei de schrijfster langzaam, 'maar hij voelt aldoor dat hij het niet kán en daarover is hij erg treurig en bedroefd, en hij schaamt zich ook.

Vooral, vooral omdat hij de liefde van mijn vader wil winnen, hij wil mijn vader trots maken – zie je... Je moet weten, mijn vader hield eigenlijk alleen van intelligente kinderen...'

(Ze voelde hoe de vertelling veranderde in een soort mantra.)

'Hoe dan ook,' vervolgde ze, 'dat is wanneer hij begint te praten tegen de vissen – we wonen ergens waar veel winkels zijn, in een groot, smal huis, we leven daar en aan de overkant van de straat is er een vrouw die vis verkoopt. Elke dag gaat mijn broer naar haar winkel, elke dag gaat hij naar haar shop om te praten tegen de vissen. Hij probeert ze iets te leren, maar de vissen willen dat niet – wat hij ook doet, ze blijven doofstom – en dan wordt hij opnieuw triest, en wij kijken naar hem staand achter het raam, elke dag.'

Ze luisterde naar zichzelf en voelde hoe het verhaal onvergelijkbaar veel mooier werd dan de werkelijkheid. Ze vertelde niet dat haar broer de gewoonte had om de vissen (levende palingen in een bak) na afloop dood te slaan. Ze liet het niet opzettelijk na; op de een of andere manier deed het er niet meer toe. 'In ieder geval,' zei ze, nippend van de koffie, die inderdaad erg goed was en een prettige karamel-achtige smaak had, 'dat was een van de verhalen.'

'O, dat is zo mooi,' zei het meisje, knipperend met haar ogen, 'over jouw broer en de vissen, over hoe hij praatte met de vissen.'

Ze voelde dat het meisje naar meer verhalen verlangde en werd plotseling erg moe. Haar eigen man was niet langer geïnteresseerd in haar verhalen. Hij vond ze niet langer relevant. Alleen de zieke vriend las wat ze schreef, maar dat zou niet lang meer duren.

'En ik heb steeds geen tijd om hem op te zoeken,' zei de schrijfster, terwijl ze sprak over de doodzieke vriend, 'zelfs bijna geen tijd om aan hem te denken, zoveel verhalen en opdrachten heb ik, en dan moet ik ook nog mijn boek afmaken.'

'Welk boek?' vroeg de kleine vertaalster.

'Over de liefde,' zei de schrijfster en ze giechelde omdat ze de vreemdheid bemerkte van wat ze net gezegd had.

'Misschien ben je bang dat je niet meer over de liefde kan schrijven als hij dood is,' zei de kleine vertaalster.

(Wat lief van haar om me te troosten.)

'Misschien,' zei de schrijfster, voelend dat dat zo was.

'Het moet zo fijn zijn om verhalen te maken,' zei de kleine vertaalster.

Je bent er zelf een van, dacht de schrijfster. Moet je zien hoe vruchtbaar en glanzend je bent, hoe welgekozen je woorden zijn.

'Ik hou er niet van om in mijn kamer te zijn,' zei de kleine vertaalster. 'Toen mijn broer er nog was, was alles oké, hij zorgde voor mij, hij voelt zich zo verantwoordelijk...'

'Je moet ervoor zorgen dat je je thuis voelt,' zei ze op moederlijke toon. 'Je moet dingen om je heen verzamelen die maken dat je je thuis voelt.'

'Ja,' zei het meisje afwezig. 'Het liefst ben ik in mijn shop, maar nu is het erg warm daar.'

De schrijfster dacht na over de shop. Die had haar niet bepaald een thuis geleken. De ruimte was erg smal, niet meer dan vijf vierkante meter, met een metalen stoel in het midden en de zijwanden en achterwand vol met armbandjes, oorbellen en kettingen. Het leek niet op een plek waar je je thuis kon voelen, met die glazen pui die je onmiddellijk met de straat verbond, en al het lawaai – de constante stroom van scooters en motorfietsen – dat de winkel in kwam. Geen plek waar je kon liggen. Ze probeerde zich een beeld te vormen van het meisje, slapend in het midden van de winkel, haar warme, vruchtbare, ademende lichaam zichtbaar voor iedereen, haar bril gevouwen naast zich.

En al dat lawaai... de wielen zullen nog over haar heen rijden, dacht ze.

Toen ze hun thee gedronken hadden, kwam een van de serveersters – het lange haar in een paardenstaart – met een dienblad waarop twee piepkleine plastic bekers stonden. '*Dese are filled with our latest coffee-brand*,' zei ze lispelend. '*Would you like to taste our latest coffee-brand? We would be very pleased if you were willing to try and tell us what you think*.' Ze plaatste de minuscule bekers voor hen op het tafelblad. '*And then if you like you can come up to the bar and try them, or any of the other brands we offer*.' Haar Engels was scherp gepolijst.

'Dank je wel,' zei de schrijfster. 'Ik zou het graag proeven, maar ik denk dat we op dit moment tevreden zijn met de thee en de limonade.'

'*As you wish, madam*,' zei de jonge serveerster.

'Neem me niet kwalijk,' zei de schrijfster, 'ik zei *we*, maar misschien had jij het wel willen proberen?'

'O nee, hoor, helemaal niet,' zei de kleine vertaalster.

De intimiteit van hun gesprek was verbroken en ze waren een tijdje stil, dronken de thee en de limonade en keken uit het raam, dat uitzag op een bankgebouw en op een deel van het meer met de verlichte tempel in het midden, hetzelfde meer waar de moeder van de studente die geleerd had hoe je cocktails moest maken haar loterijtickets verkocht.

De schrijfster stond op, ik kan haar niet helpen, dacht ze, ik heb al een complete wereld voor mezelf. Ze betaalde voor de thee, de limonade en de ijsjes en wachtte tot de kleine vertaalster terugkeerde uit de toiletten. Ze stonden onwennig bij elkaar. 'Dus, nu gaan wij winkelen?' vroeg de vertaalster. 'Nu loop ik mee naar de winkels?' De stemming was volledig veranderd, ze staken de drukke straat over.

Even later stonden ze in de jadewinkel gebogen over de glazen vitrines met oorbellen, ringen en armbanden, en de kettingen met jade. Ik moet iets voor haar kopen, dacht de schrijfster, turend naar de verschillende stukken sieraad. Het mag op niets lijken wat ze in haar eigen winkel verkoopt, hoe grof en beledigend zou *dat* zijn, en het moet iets moderns zijn (want het meest van alles verlangt ze ernaar *modern* te zijn); geen armbanden, geen kettingen, misschien een paar oorbellen...? Een rechthoekige vorm omdat haar gezicht nogal rond en meisjesachtig is, iets wat ze niet snel of makkelijk voor zichzelf zal kopen, maar wat ze geweldig zal vinden om te krijgen.

Haar ogen dwaalden over de oorbellen en ze wist dat ze het juiste paar gevonden had toen ze het vonkje in de ogen van de kleine vertaalster zag terwijl ze ernaar wees. De vrouw achter de toonbank, vermoedelijk was het de eigenares van de winkel, volgde haar blik en pakte de oorbellen uit de vitrine.

'Die zijn echt prachtig, die zouden zo perfect voor je zijn,' zei de kleine vertaalster.

'Ja,' zei de schrijfster van korte verhalen langzaam, terwijl ze ze betastte en toen omhooghield bij haar oren. Ze keek in de kleine ovale spiegel die snel omhooggehouden werd door de vrouw achter de toonbank. 'En jij,' zei ze plompverloren, 'wat denk jij van ze?' En ze trok ze al weg bij haar oren. 'Ze zouden jou misschien ook heel goed staan.' Ze hield de oorbellen een beetje bruusk op naar de kleine vertaalster (zodat die niet in de verleiding zou komen om te bescheiden te reageren) en sprak haastig: 'Wat denk je ervan, voor jezelf? Wat als ik ze voor je zou kopen? Ik zou het zo fijn vinden je iets te geven, je hebt zo goed voor me gezorgd.'

'Ze zijn prachtig, schitterend,' zei de vertaalster, zenuwachtig blozend.

'Ja, dat zijn ze zeker,' zei de schrijfster, nu op fermere toon, 'ze zouden je geweldig staan, bij je donkere haar, de vorm van je gezicht, ze zijn perfect.' De kleine vertaalster hield de oorbellen nu zelf op en wierp een blik in de ovale spiegel, die het licht op haar gezicht ving en weerkaatste.

'We moeten ze kopen,' zei de vrouwelijke schrijver vastbesloten. 'Wat kosten ze?' De vrouw achter de toonbank nam ze uit de vingers van de kleine vertaalster en legde ze op een weegschaaltje, dat het gewicht liet zien in grammen. Ze nam een donkere calculator uit een la en draaide die naar de kleine vertaalster.

'O, nee,' verzuchtte die heel snel, 'ze zijn veel te duur. Zo'n geschenk kan ik niet aannemen.'

'Nu, wat is de prijs?' De schrijfster begreep dat ze een volgend stadium betraden – dat van bescheiden onderhandelen en afwijzen voordat een cadeau werd geaccepteerd. 'Alsjeblieft, kan ze het voor me uitrekenen in euro's?'

'Laten we kijken naar een ander paar,' zei de vertaalster haastig, de vitrine met de sieraden onder de zware glasplaat opnieuw scannend, en de schrijfster besefte dat de oorbellen inderdaad te duur waren. Nou ja, laat haar een duur geschenk en haar rechtmatige beloning krijgen, zei ze tegen zichzelf terwijl ze naar het schermpje van de calculator keek, dat onder de vingertoppen van de verkoopster de prijs in euro's aangaf.

Goed. Ze zou haar creditcard moeten gebruiken. Ze sloeg snel aan het rekenen: wat had ze nog meer nodig de komende dagen? Wat moest er nog afgerekend worden? En ze realiseerde zich toen dat ze de jaden oorbellen niet kón betalen. Het kopen ervan zou problemen geven, moeilijkheden, ze was niet zeker of ze de lange rit naar de luchthaven en het hotel nog zou kunnen afrekenen als ze de volledige limiet op haar creditcard moest aanspreken.

Beiden zagen haar rekenwerk en de verkoopster – snel van begrip – griste de oorbellen van de weegschaal en legde ze terug onder de glazen plaat. Haar witte gezicht moest hun meteen duidelijk hebben gemaakt dat ze zich onmogelijk ook maar iets van jade kon veroorloven en ze stonden bij elkaar in een gespannen stilte, terwijl buiten de claxons van de scooters onophoudelijk werden ingedrukt.

'Ik zou je echt heel graag iets willen geven,' zei de schrijfster. Haar stem klonk dun en klein en zat vol tranen.

'Ja. Misschien... een paar van deze?' zei de kleine vertaalster, op meer volwassen toon, bijna kalmerend en verzachtend. 'Deze zijn erg leuk, en ze zijn ook een beetje moderner, ik hou wel van modern,' en ze trok een gammel rekje naar zich toe vol kleine zilveren oorbelletjes met gekleurde kralen, van het soort dat je overal, op elke goedkope markt, kon vinden.

* * *

De vloeibare droom... om te liggen in een poel, in een plas, jezelf erin te drenken als een blad in vloeibare lak, als een verzegelde envelop...

De Engelsman luisterde en wachtte. Plotseling hoorde hij het geruis van gebladerte, en uit de modderige stroom gedachtes maakte zich een beeld los van een rij slanke bomen die heen en weer zwiepten; ze zweefden een tijdje voor hem, en hij vroeg zich af of zijn geest nog reageerde op impulsen van buitenaf, of enkel nog op signalen die van binnenuit kwamen. Alleen door een ruimte te openen die voor hemzelf gesloten bleef, zou hij dat kunnen achterhalen, maar hij kon die ruimte niet openen – er viel geen licht op – terwijl er ook een tijdspanne was zonder licht, zonder gebeurtenissen.

Wat bracht die bomen in beweging? De ventilator begon weer zachtjes te draaien.

De Engelsman luisterde, hij herkende haar voetstappen, met het lichte, vegende geluid aan het eind, alsof ze met haar tenen haar eigen stappen uitwiste.

'Hier zijn we al aan het afremmen, daar gaan ze de startbaan op,' schreef de schrijfster in de brief aan haar zieke vriend.

Aa-aah, zegt de kleine vertaalster die zijn minnares is, aaah zegt ze, en ze buigt zich voorover en kust hem zachtjes op het voorhoofd; ik was zo bezorgd, de hele tijd was ik zo bezorgd, maar jij bent zo lief, je hebt het niet gedaan... Je hebt er wel aan gedacht... je hebt alle voorbereidingen getroffen, maar je hebt het niet gedaan! En ik weet waarom niet... omdat je een *lieve* man bent, een vriendelijke, zachtaardige man. Ik heb je zoveel te vertellen...!

De auteurs

PETER WINNEN

Peter Winnen (Ysselsteyn, 5 september 1957) heeft een bijzondere carrière als wielrenner achter de rug. In 1981 debuteerde hij heel sterk in de Ronde van Frankrijk door een ritoverwinning op de Alpe d'Huez en een vijfde plaats in het eindklassement. In 1983 werd Winnen derde in de Ronde van Frankrijk, wat zijn beste eindresultaat zou worden, ondanks dat hij zich dat jaar niet zo goed voelde. Hoewel Winnen een echte klimmer was, won hij in 1990 het Nederlands kampioenschap op de weg. In 1991 stopte hij met wielrennen. Hij ging naar de kunstacademie en begon met schijven over de wielerwereld. In 2000 debuteerde hij met het boek *Van Santander naar Santander.* Daarnaast schrijft hij regelmatig columns, onder andere voor *NRC Handelsblad.* In 2007 kwam *Pedaalridder* uit, waarin Winnens beste verhalen gebundeld zijn. Peter Winnen is een zorgvuldig stilist met een scherp oog voor detail.

SUSAN SMIT

Susan Smit (Leiden, 24 februari 1974) studeerde Nederlands en Culturele Studies aan de Universiteit van Amsterdam. In 2000 schreef ze een artikel over moderne hekserij, waaruit haar debuut *Heks* (2001) voortvloeide. In 2003 verscheen het boek *Wijze vrouwen,* gevolgd door haar debuutroman *Elena's vlucht* en andere bestsellers. Met de historische roman *Vloed* kreeg ze lovende kritieken en brak ze door naar het grote publiek. Vier jaar lang besprak Smit elke week boeken in het ochtendprogramma *Goedemorgen Nederland.* Ze presenteerde het boekenprogramma *Uitgelezen.* Tegenwoordig schrijft ze columns in *Happinez, JFK* en *BOEK*, interviewt ze schrijvers voor *De TV-Show* en recenseert ze boeken in diverse tijdschriften. Haar tiende boek *Wijze mannen*, waarvoor ze wijze mannen uit de internationale politiek, wetenschap, filosofie en kunsten sprak, kwam uit in oktober 2010. Smit vindt in haar werk en haar leven een combinatie tussen spiritualiteit en literatuur.

LYDIA ROOD

Lydia Rood (Velp, 23 mei 1957) studeerde journalistiek aan de School voor de Journalistiek in Utrecht en debuteerde in 1982 met de jeugdroman *Een geheim pad naar gisteren.* In 1984 studeerde ze af en van 1984 tot 1991 werkte ze bij *de Volkskrant.* Daarnaast studeerde ze Spaans aan de Universiteit van Amsterdam en studeerde in 1988 af. In 1991 werd Rood fulltime schrijver. Lydia Rood is een literaire duizendpoot. Behalve kinderboeken schrijft ze kleuterboeken, jeugdromans, romans voor volwassenen, verhalenbundels en thrillers. Onder de vele boeken die ze schreef bevinden zich: *Maanzaad* (1989), waar ze in 1990 de Vlag & Wimpel voor won, en *Een mond vol dons* (1989) waarvoor ze in 1994 een Zilveren Griffel kreeg. Enkele van haar thrillers werden genomineerd voor de Gouden Strop.

ROBERT VUIJSJE

Robert Vuijsje (Amsterdam, 12 oktober 1970) studeerde sociologie en Amerikanistiek aan de Universiteit van Amsterdam en aan de University of Memphis. Van 1997 tot 2007 werkte Vuijsje als journalist bij *Nieuwe Revu.* Van 2007 tot 2009 schreef hij voor dagblad *De Pers.* In 2008 debuteerde Vuijsje met zijn roman *Alleen maar nette mensen.* De roman deed heel wat stof opwaaien vanwege het onconventionele verhaal over een joodse jongen die eruit ziet als een Marokkaan en op zoek gaat naar een zwarte vriendin in Amsterdam Zuid-Oost. Het boek werd genomineerd voor de Libris Literatuurprijs in 2009. In 2009 won *Alleen maar nette mensen* de Belgische literatuurprijs de Gouden Uil en in 2010 de literaire jongerenprijs De Inktaap. *Alleen maar nette mensen* is geschreven in een snelle stijl en laat de hoofdpersonen vaak communiceren in de vorm van chats en sms'jes. In 2011 verschijnt een bundeling van de columns die hij schreef voor *Het Parool*, onder de titel 'Robert Vuijsje – In het wild'. Momenteel werkt Robert Vuijsje aan een nieuwe roman.

YVONNE KROONENBERG

Yvonne Kroonenberg (1950, Amsterdam) is psycholoog. Vijf jaar heeft ze als psychotherapeut in een huisartsenpraktijk gewerkt, tot ze in 1980 een problemenrubriek kreeg aangeboden in een tijdschrift dat over relaties ging. Kort daarop begon ze in *NRC Handelsblad* een rubriek over het leven van tieners. Ze nam afscheid van de hulpverlening en ging schrijven, eerst columns en reisreportages, later boeken. Haar bekendste boek is *Alles went behalve een vent*, dat over liefdesrelaties gaat en alles wat daarin verkeerd kan gaan. In die serie zijn nog zeven boeken verschenen, het laatste in 2009. Ze heeft ook een non-fictie boek geschreven over vreemdgaan, dat *Monogamie voor beginners* heet, en een non-fictie boek over de vleesindustrie: *Alleen de knor wordt niet gebruikt.* Behalve de boeken voor volwassenen heeft ze tien jeugdromans geschreven. Yvonne Kroonenberg woont en werkt in Amsterdam, is beschermvrouw en ambassadeur voor een groot aantal dier-organisaties. Ze heeft geen kinderen, wel een man en heel veel huisdieren. Voor Plan Nederland heeft ze al een aantal keren eerder gereisd en geschreven.

ROSITA STEENBEEK

Rosita Steenbeek (Utrecht, 25 mei 1959) wilde aanvankelijk dominee worden. Ze begon met een studie theologie, maar studeerde uiteindelijke af in Moderne Letterkunde aan de Universiteit van Amsterdam. Tijdens haar studie acteerde ze ook in de film en op het toneel. In 1994 debuteerde ze met de roman *De laatste vrouw*, die internationaal vertaald werd. Tussen 1994 en 2009 schreef ze verschillende romans, waaronder *Schimmenrijk* (1999), *Ballets Russes* (2002) *Intensive Care* (2004), *Siciliaans testament* (2006) en twee boeken over de stad waar ze een groot deel van het jaar woont *Thuis in Rome* (2000) en *Terug in Rome* (2008). In 2009 verscheen *Ander licht*, een historische roman over een Nederlandse schildersfamilie in de Gouden Eeuw. Steenbeeks stijl kenmerkt zich door subtiliteit in het beschrijven van emoties en een uitgebreide registratie van zintuiglijke ervaring.

JELLE BRANDT CORSTIUS

Jelle Brandt Corstius (1978) werd geboren in Bloemendaal. Na het VWO ging hij voor een jaar naar Pennsylvania. Van 1997 tot 2003 studeerde hij geschiedenis en journalistiek aan de Rijksuniversiteit Groningen. Van 2002 tot 2005 was Brandt Corstius redacteur van Barend & Van Dorp. Sinds maart 2005 woont hij in Moskou, waar hij correspondent is voor onder andere *Trouw*. Begin 2008 kwam zijn boek over Rusland uit, *Rusland voor gevorderden*, waarin hij een gedetailleerd beeld geeft van het enorme en ingewikkelde land en de Russen. In 2009 en 2010 maakte hij twee series voor de VPRO over het leven van de gewone Russen, waarmee hij zowel kritiek (uit Rusland) als veel lof verwierf. In 2009 kwam een ander boek uit over Rusland, *Kleine landjes, berichten uit de Kaukasus*. Jelle Brandt Corstius presenteerde in 2010 het programma Zomergasten.

MANON UPHOFF

Manon Uphoff (Utrecht, 20 december 1962) begon in 1987 met de studie literatuurwetenschap. Daarna gaf ze les aan het ROC in Utrecht en begon ze verhalen te schrijven. In 1995 debuteerde ze met de bundel *Begeerte* die werd genomineerd voor de AKO Literatuurprijs. In 1997 kwam Uphoffs eerste roman uit, *Gemis*, die genomineerd werd voor de Libris Literatuurprijs. Ook de bundels *De fluwelen machine* (1998), *Hij zegt dat ik niet dansen kan*

(2000) en *Alle verhalen* (2003) werden lovend ontvangen. Uphoff schreef twee novellen getiteld *De vanger* – genomineerd voor de Libris Literatuurprijs 2003 – en *De bastaard*, die de eerste twee delen vormen van een drieluik. In 2005 publiceerde zij bij De Bezige Bij de roman *Koudvuur*, een nieuwe, aangevulde editie van haar verzamelde verhalen, *Schaduwvlammen* (2007) en haar nieuwste roman *De spelers* (2009). De verhalen van Manon Uphoff zijn zeer beeldend en hebben vaak iets magisch met een donkere kant, als boze sprookjes.

Dankwoord

Plan Nederland bedankt Peter Winnen, Susan Smit, Lydia Rood, Robert Vuijsje, Yvonne Kroonenberg, Rosita Steenbeek, Jelle Brandt Corstius en Manon Uphoff voor hun bijdrage om de wereld van meisjes in ontwikkelingslanden te verbeteren.

Wereldmeiden verdienen uw steun

Hebben de verhalen van deze meisjes u ook aangegrepen? Geef het boek dan door zodat hun stemmen door meer mensen worden gehoord. Laat het lot van meisjes zoals deze u niet los en motiveert dit boek u om meer te doen? Word dan sponsor van een van onze meisjesprojecten en geef meisjes alle kansen die ze verdienen. Dat kan op www.plannederland.nl/wereldmeiden